U0917995

念奴娇·追思焦裕禄

习近平

中夜，读《人民呼唤焦裕禄》一文，是时霁月如银、文思萦系……

魂飞万里，盼归来，此水此山此地。百姓谁不爱好官？把泪焦桐成雨。生也沙丘，死也沙丘，父老生死系。暮雪朝霜，毋改英雄意气！

依然月明如昔，思君夜夜，肝胆长如洗。路漫漫其修远矣，两袖清风来去。为官一任，造福一方，遂了平生意。绿我涓滴，会它千顷澄碧。

一九九〇年七月十五日

会它千顷澄碧

兰考脱贫启示录

刘雅鸣　陈聪　宋晓东◎著

浙江人民出版社｜河南文艺出版社

兰考金牛湖公园（李安 摄）

兰考黄河滩区易地搬迁扶贫社区谷营镇姚寨新村 （李安 摄）

兰考凤鸣湖湿地公园 （李安 摄）

兰考焦裕禄干部学院 （李安 摄）

兰考县公共文化服务中心 （李安 摄）

兰考县文化交流中心 （李安 摄）

郑徐高铁兰考南站 （李安 摄）

张庄村村景 （李安 摄）

在兰考县固阳镇徐场村墨武琴坊操作间内，村民徐冰为古琴安足（李安 摄）

一位兰考县张庄村村民在旧民居改造成的桐花书院内看书 （李安 摄）

兰考县张庄村的村民们在制作手工布鞋 （李安 摄）

兰考县张庄村村民闫春光在他的养鸡场内收鸡蛋 （李安 摄）

工作人员在兰考县张庄村的蜜瓜大棚内选果（李安 摄）

兰考县张庄村村民董仙竹抱着刚刚采摘的梨（李安 摄）

目录

Contents

凭良心干活，跟老百姓真心换真心，这是时任兰考县葡萄架乡党委书记岳建河给自己立下的标准。

大人孩子都是脏兮兮的，头发几个月都不洗，全家收入基本就靠种地、收破烂，这是葡萄架乡赵垛楼村村民范玉花一家人的真实写照。

兰考的脱贫故事，就从岳建河想方设法拔掉范玉花家思想上的穷根讲起。

第二章 | 兰考之问 问出百姓的心声 /025

2014 年 3 月 18 日，习近平总书记听取兰考县教育实践活动情况汇报并发表讲话：“要用好批评和自我批评武器，有一点‘辣味’，让每个党员干部都能红红脸、出出汗。”就是在这次民主生活会上，时任兰考县委书记王新军发出“兰考之问”，作出“三年脱贫，七年小康”的庄严承诺。

第三章 | 工作队也有搞砸的时候？ /045

从差点被村民们赶走，到鼓足干劲带领村民种黄桃，从逼着自己跟群众“尬聊”，到任期结束群众拦着不让走……精准扶贫，就要扎根到群众身边。兰考脱贫攻坚战打响以来，一支支工作队和来自全省的“第一书记”们在脱贫攻坚的一线扑下身子，一心一意带领群众脱贫，不断续写脱贫攻坚的兰考篇章。

第四章 | “劳燕分飞”的扶贫“夫妻档” /065

“干部不领，水牛掉井。”然而，当一位驻村女干部面临照顾一家老小与帮助贫困村脱贫的分岔路时，她必须做出一个抉择。

第五章 | 再没走完的这段小路 /087

兰考县闫楼乡王玉堂村原村支部书记曹红彦有一个小名，叫“大雁”。大家都说，大雁是个闲不住的人，不仅乐于助人，还总是自己主动揽活干。

随着兰考全县脱贫摘帽，王玉堂村的好日子就要到来了，只是万万没想到，他们的好支书曹红彦却如大雁南飞了……

第六章 | 花 90 万元建村部却惹来差评？ /103

2014 年春节，已经很多年没有回过老家的代玉建回到代庄村，看到老家落后的面貌，在老乡劝说之下，决定留在村子里。

然而，起初一心想带领老乡们脱贫致富的代老板却被老百姓贴上了“要你有啥用”的标签……

第七章 | 梦想照进现实的那束光 /123

2014 年 3 月 17 日那天下午，是张庄村村民闫春光毕生难忘的一个日子。没想到，习近平总书记来到他家，不仅掀起了灶台上的那口破盆，还聊起了闫春光的挣钱问题：“下一步你咋打算？还是打零工？”

习近平总书记嘱咐闫春光，一定要好好干，脱贫了过好日子。

一个人、一棵树，改变了一座村，推动了一个产业，张扬了一种精神。不只是张庄，兰考县的很多个村庄，都奏响着一曲“梦想照进现实”的变奏曲。

别名“乐器村”的徐场村就是其中之一。

曾经的“兰考大爷”如今何在？潘秀山是“兰考大爷”的典型：逃荒的年份，他靠拉一手坠弦卖艺挣钱，然而这段经历却在他心里烙下了阴影。时隔多年，当脱贫攻坚的阳光照到老潘家，已经年近八十的老潘能否解开心里的疙瘩？

第十章 | 我给总书记写封信 /191

“从没想过与总书记的视频连线会发生在自己家中！”总书记视频连线在自己家中采访的记者、自己靠卖馍脱了贫、住上了三层小洋楼……在脱贫攻坚以前，这些都是程秀建做梦都没想到的事情，如今都成真了。

“我给总书记写封信吧！”程秀建说，想在信里跟总书记说说他的心里话。

第十一章 | 从“兰考之问”到“兰考之美” /207

兰考县委书记蔡松涛说，兰考的脱贫道路并不新鲜，它是焦裕禄走过的路，是习近平总书记反复指出的共产党员应该走的路。“它就是重新唤起的共产党人的初心！”

初心不忘，方能脱贫。

序章

一棵树的希望

30年前,1990年7月15日夜。

时任中共福州市委书记习近平夜读《人民呼唤焦裕禄》一文,感慨万千、文思泉涌,挥笔写下《念奴娇·追思焦裕禄》的词作——

魂飞万里,盼归来,此水此山此地。百姓谁不爱好官?把泪焦桐成雨。生也沙丘,死也沙丘,父老生死系。暮雪朝霜,毋改英雄意气!

依然月明如昔,思君夜夜,肝胆长如洗。路漫漫其修远矣,两袖清风来去。为官一任,造福一方,遂了平生意。绿我涓滴,会它千顷澄碧。

字字句句、声声呼唤,凝练雄沉、大气磅礴,饱含景仰之情,可见肝胆赤心。

多年之后,当脱贫攻坚的号角响彻兰考大地,这片饮尽凄苦与落寞的大地从此有了生机迸发的颜色:三年7万多人脱贫,成为河南首个“摘帽”的贫困县;经济增速连续位居河南省直管县前列;高铁、高速四通八达,产业体系日趋完善;城乡面貌焕然一新,县城建成区面积扩展一倍……这棵焦桐如今开出的,是更加绚丽的浅紫色的希望。

站在焦桐旁极目远望,麦波千顷、澄碧如荫,85万兰考人正用奋斗和拼搏灌溉出滴滴涓流的幸福美景;遥望北方,从冰雪清泉蜿蜒而来的滚滚黄河,转弯东去喷薄向前,那正是兰考明天的方向。

北纬34°5′50″，东经114°50′19″。

河南兰考的清晨，一棵57岁的泡桐华盖如云。

阳光筛过树影，风起时，片片落叶随风飘散，仿佛默诉着这棵焦桐的风雨沧桑。

76岁的老党员魏善民一如既往地拿起扫帚，将树旁落叶清扫归拢。

“要是焦书记还活着，看见它仨人都抱不过来，不知得多高兴。”魏善民抚摸着树干的纹路，望向枝蔓最高处与天空相接的地方。

50多年前，焦裕禄带领兰考人民与内涝、风沙和盐碱“三害”抗争，在兰考贫瘠的土地上，种下这棵泡桐幼苗，也播撒下千顷澄碧的希望。

扎根兰考最深的焦桐最能感知这片土地的变迁：沙丘变良田，外出逃荒的百姓回来了，吃上了饱饭。然而，制伏了“三害”，却未挣脱贫穷，兰考发展的步伐渐渐放缓，在外的兰考人依然抬不起头。

焦桐有知。它曾经目送的逃荒百姓，变成了树下纳凉休闲的民众；它曾经固守的风沙地，“南大坑”，变成了风景宜人的公园；它曾经严防的黄河水患，变成了滋润县城景观河道的清澈水源；次第而来的参观学习者，传递着全国乃至全世界的赞叹。

第一章
懒汉脱贫记

凭良心干活，跟老百姓真心换真心，这是时任兰考县葡萄架乡党委书记岳建河给自己立下的标准。

大人孩子都是脏兮兮的，头发几个月都不洗，全家收入基本就靠种地、收破烂，这是葡萄架乡赵垛楼村村民范玉花一家人的真实写照。

兰考的脱贫故事，就从岳建河想方设法拔掉范玉花家思想上的穷根讲起。

1 走不到头的逃荒路

“就这儿了！”

1963年3月的一天，天上下着狂沙，云彩满绽着黄褐色的伤痕。焦裕禄带领群众来到兰考县郊的一片荒地，带着几百株小泡桐幼苗，准备种到被“三害”害苦了的荒地里。

那时，距离焦裕禄上任兰考县委书记，仅有三个月时间，肝部的剧痛，仍然是窝在他肚子里的一个不为人知的小秘密。

在他的背后，黄沙蔽日，沙子一起就打死一片庄稼，一亩地收不到40斤麦子，和烟囱一般高的沙丘随处可见，像是被魔鬼操纵般随着狂风移动。

“跟紧点！”

13岁的范玉花跟着父亲和大哥，背着铺盖，随逃荒队伍往火车站赶。他们远远瞥见焦书记正领着人们种树，就早早低着头缩着身子，默不作声地往远处跋涉。

范玉花的身子肿得像一个大杠馍。他已经连续吃了好几天棉花籽，越吃干呕得越厉害，越呕身子越肿：小腿肿起来比大腿粗了两圈，肚子肿起来像是怀了几个月大的小娃娃。

他们知道，今天有火车要经过兰考，管它去哪呢，总比饿死在这好。有县委委员看见他们，嘴里咕哝一句，便想上前阻止他们外出逃荒。可焦裕禄劝住了他们：专心种树！

焦裕禄一铲子铲到荒地里，挖出的坑就像他心里被人打了个洞。

就是在那个时候，他下定决心：灾民逃荒要饭，不能责怪他们，县委有责任。党把这个县36万群众交给我们，纵使有天大的艰难，也一定要杀出条路来！

幼小的范玉花不明白自己饿着肚子为什么是“焦书记们”的责任，只是习惯性地干呕着，一边懵懂地跟父亲和大哥走在永远也走不到头的逃荒路上——

往东走了十天，一路走、一路干呕，呕到徐州，讨了几口红薯；往南走了半个月，一路走、一路昏睡，挨到蚌埠，又讨了一点白米饭。

正不知去哪儿的时候，听人说焦书记给大家发救济粮，便又转身折回了兰考。

当时，范玉花还不知道，这一回后，他就再也没出来逃过荒。

拿上了救济粮，浮肿消了些，范玉花父母开始跟着大家一起挖泥防沙，把沙子底下的淤泥翻到地面上，盖住沙子。把地养好了，上面就能种玉米和小麦。

来年，麦子果然有了些收成。逃荒的人渐渐少了，在徐州给人当长工的“兰考大爷”也渐渐回来了。

范玉花的日子一天天好过起来，吃的东西从红薯面到玉米面，后来又能隔段时间吃点白面。

日子一年年地过去，“三害”是除了，可家里还是逢雨漏水，大病小病自己生扛。35岁头上，范玉花终于娶了个病媳妇，只为一个“穷”字。

好不容易成了家，有了儿女，可全家七口人要吃饭，老婆有羊癫疯不能干活，五个孩子里两个出嫁，三个还在上学，全家收入基本就靠范玉花种地、收破烂。

脱贫攻坚战以来，县里想方设法帮助贫困户提高收入，也开展了很多帮农民学技术的活动，可县里每次通知他，听没多久，就不见了人影。人们去范玉花家里找他，还没进院子，就能闻到他家里那股熏人的味道——大人孩子都是脏兮兮的，头发几个月都不洗，一家人的生活也就这么一天天过了下来。

直到葡萄架乡来了这样一位书记。

“岳书记，你别走！”

2018年7月9日，兰考县葡萄架乡党委书记岳建河离任的日子。他被调到河南仪封园艺场，去任那里的书记。

岳建河想赶早走。从2007年调任葡萄架乡担任乡长算起，他在这里干了12个年头，早把葡萄架乡当成了自己家。

离家，多少有点伤感。一向爱吵人的岳建河不习惯这种伤感，所以选择早早走。

谁知道，他刚关上自己在乡党委办公室的门，还没走到车跟前，就听到一个熟悉的声音：

"岳书记，你别走！"

是范玉花！

他的身旁，还有几十张熟面孔，不少是他曾经吵哭过的同事、村支书、普通群众。

这天早晨，乡上异常安静，没有小商贩的叫卖声，也没有大喇叭的广告声，大家一早起来，自发出来送送岳书记，排成了一道十几米的送别人墙！

岳建河刚看了几眼，眼睛就觉得火辣辣的受不了。

他一句话没说，赶紧往车里一钻。

车里那个颤抖的身影舍不得葡萄架乡的百姓，葡萄架乡的百姓也舍不得他。

2　从"坐在墙根晒太阳"到"脸上实在挂不住"

岳建河脾气直爽，嗓门大，偶尔有些急躁了，嘴上吼叫着批评人，从来不拐弯。

葡萄架乡是深度贫困乡，全乡一共有20个行政村，约4万人口，耕地面积5万亩，平均到每个人头上不到一亩三分地。虽然葡萄架乡不是土地面积最少的乡镇，但是这里的土壤很贫瘠，过去经常是三年里有两年不大打粮。到2014年建档立卡时，葡萄架乡还有贫困户1187户3733人。

这一个数字落在岳建河头上，让岳建河觉得肩上的责任有泰山那么重。脱贫攻坚战打响以来，乡政府办公室就完全成了他的“家”—— 平均三个月不回一趟家，每年春节，初一上乡敬老院，初二在家睡觉，初三就回乡里上班。

上班头件事，杀到赵垛楼。

赵垛楼村，当年焦裕禄树立的兰考“四面红旗”之一，以干劲闻名。当年，赵垛楼的贫下中农在七季基本绝收以后，冒着倾盆大雨，挖河渠、挖排水沟，与暴雨内涝搏斗。1963年秋天，这里一连下了九天暴雨，他们却夺得了好收成，卖出了8万斤余粮。

可如今的赵垛楼村好像没了这股干劲。2016年，其他“三面红旗”都脱了贫，唯有赵垛楼还是贫困村。

经过入户调研，岳建河摸清了赵垛楼村的情况。这是个传统的农业村，这些年年轻人基本上都出去打工，村里只剩下老年人。村里人的收入大多是靠种麦子，几十年一成不变，赚多赚少都是它。这些年，村里也不是没有人想过改变这种单纯依靠种地过活的现状，但村里一没有年轻人、二没有技术，想干点事真的不容易。

为了发展赵垛楼的产业，让村里有个新样，村支书王建胜没少动脑子。2014年，王建胜看到其他地方种玫瑰行情很好，便率先承包了80亩地，起早贪黑地种起了玫瑰，希望以此来带动全村产业转型。可谁想到因为村里土地碱性大，种下的玫瑰花死了六七成，转型没转成，倒叫人看了笑话。一气之下，王建胜把地里的玫瑰都刨掉了。

看到村支书一下刨掉了自己种的80亩玫瑰，村里其他几户跟着种的村民一下子泄了气，也都不敢再种了。

在赵垛楼村287户人家里，有100户建档立卡贫困户。脱贫攻坚战打响以后，乡干部来到赵垛楼村蹲点，开始逐户排查。

赵胜利是赵垛楼村出了名的贫困户。赵胜利老两口和大儿子一起生活，儿媳有病、孙子脑瘫，日子过得没有一点指望。为了生计，赵胜利的大儿子外出打工，家里的一切全靠赵胜利和老伴儿操持。觉得生活没有奔头的赵胜利每天泡在村里的小卖部打牌聊天、借酒消愁，坐等着政府的救济。

逐户走访摸排后，岳建河发现，赵胜利家的情况不是这里贫困户的个别现象，村里普遍存在的问题就是村民懒散、没有干劲。很多贫困户并没有脱贫致富的愿望，连地里的农活儿都不愿意干，有的甚至连家里的卫生都懒得打扫。

赵垛楼昨日的辉煌和冲天的干劲儿，与今天的贫困和懒散，这两者之间强烈的对比，刺痛着每个人的心。

最让人觉得丧气的是，村里人好像也认命了：日子就这么过吧。

可岳建河不认。

了解情况后，岳建河马上组织乡政府和村里集体研究对策：赵垛楼村的穷，在于大家没有干劲儿，根子在于村“两委”班子工作能力不够，没有具备带领群众干事创业、脱贫致富的能力。

当时正好赶上基层换届选举，赵垛楼选出了新的村支部。凭借着这个契机，岳建河和乡干部决定首先帮助村里想脱贫致富的人找找出路。在县乡干部的帮扶下，赵垛楼村的贫困户有的外出打工，有的搞蔬菜大棚，有的种植玫瑰、菊花。通过这一番努力，大部分贫困户已经脱贫，而剩下没有脱贫的，都是难啃的硬骨头，赵胜利就是其中一个。

扶贫先扶志。如何把这些贫困户的志气扶起来，激发他们脱贫致富的内在动力，岳建河想了个办法——搞干劲评比。

“为啥没脱贫，就是没了干劲！”岳建河不止一次批评。

怎么才能鼓起赵垛楼的干劲？

岳建河打算每周搞个“干劲评比大会”，把最穷的10户贫困户召集起来，像过堂一样，让他们一个个说自己这一周都干了什么。

这个评比大会不仅靠说，还靠实地评比观摩。这样既避免了个别贫困户自说自话，又可以让他们之间互相比较和学习。实地看完，每一个人要现场投票打分。每周得分前三名的有奖品，连续一个月评比排在前三名的贫困户，还有额外奖励。

一个星期后，贫困户的“干劲评比大会”如期举行。村里组织大伙互相观摩每户的家庭变化和劳动情况，评比每一户上周干了什么活儿，挣了多少钱。

“每次开会光挨批评，我这脸上也实在是挂不住。”一次又一次的“干劲评比大会”后，“脱贫后进生”赵胜利也有了触动，看到别人家都已经一切准备就绪开始要种蜜瓜了，而自己家大棚里连地都没平，赵胜利心里第一次“说不过去”了。

几十年来破天荒头一次，赵胜利连续好多天天没亮就爬起来干活，努力跟上大家发展产业的步子。

同样拾起了干劲的，还有村里公认最懒的贫困户范玉花。

正好是2017年的春节。春节评比会上第一个发言的就是范玉花：“我大年初一拾破烂，能赚五六十块钱，初二也没歇，又拾酒瓶、纸箱卖了几十块，初三一早就打扫卫生。”

“不管挣多挣少，我现在开始干了，我也不想当贫困户。”之前拉都拉不起来、带都带不动的范玉花渐渐有了从思想上到行动上的转变。

参加了几轮每周的“干劲评比大会”以后，范玉花再也不“坐在墙根晒太阳，等着政府来救济”。他不光把自家院子打扫得干干净净，还担任村里的保洁员，每月挣500元钱。再加上种地收入、光伏扶贫收入、临时救助和低保收入等，范玉花顺利跨出了贫困户行列。

3 “岳书记，中！”

每次跟人谈起岳建河，说话不太顺溜的范玉花立马提高音调：“岳书记，中，像焦裕禄！”

和焦裕禄一样，在葡萄架乡，没有哪个村岳建河没有去过，没有哪户人家岳建河没有看过，没有哪条路岳建河没有走过。尤其是1000多户建档立卡贫困户，岳建河更是每家至少去过两回。

赵垛楼的干劲儿回来了，但想要脱贫还得因地制宜发展产业，摆脱看天吃饭的老样子。而产业选得是否精准，关系着村里的脱贫进度。如何选准产业，把干劲儿用在刀刃上，这是最难，也是最伤脑筋的事。

赵垛楼村种有很多桐树、杨树，有村民建议村里建厂，搞板材加工。这条路能不能行得通？在岳建河的支持下，赵垛楼的村干部决定去附近乡镇学习取经。

在兰考南彰镇，他们看到几乎家家户户的村民都从事着和板材加工有关的产业，大大小小的工厂随处可见。一个小的板材加工厂，每个月纯收入可达几万元，村民经过简单培训就能上手。看到他们干得这么红火，村干部们心动了。

参观回来，村里为了发展板材加工，召开了村民代表大会，商量办板材加工厂的事。没想到刚提了个头，就被大伙儿泼了一盆冷水——没有技术，又没有领路人，大伙儿心里没底啊。村民们怕赔钱，几乎都不同意在村里发展板材产业的想法。对于大家的担心，岳建河和村干部们也都理解：一步一步来吧，别着急。

村民代表虽然不同意办工厂，但他们觉得赵垛楼村的土地资源多，可以发展蔬菜大棚，这也是大伙儿擅长的。这么一商量，岳建河也心里一动，像个军师一样计上心头："北桃南瓜"—— 这是岳建河为葡萄架乡量身打造的种植产业布局，北边种黄桃、南边种哈密瓜。

就在这个时候，河南省农科院到葡萄架乡调研，岳建河积极联系农科院，对当地的土质进行了化验。调研发现，这里的土质适合种哈密瓜。

2016年2月，河南省农科院出钱出技术，在葡萄架乡选了两户贫困户，帮他们建了两个大棚，试种河南省农科院新研制的玉兰香哈密瓜。试种非常成功，当时一个棚一年下来赚了7000多元钱。

哈密瓜试种的成功，为岳建河的想法提供了支撑。除此之外，哈密瓜一年能种两季，周期短、投资少、见效快，这比传统农业效益好多了。村民见有了赚头，政府再做做引导，村民们也纷纷尝试着种起了哈密瓜。

2016年秋天，葡萄架乡发展起近百个哈密瓜大棚。在村干部的带领下，赵垛楼村也建起了11个哈密瓜大棚。

岳建河拍着胸脯向村里人保证，乡政府给大家吃了三颗“定心丸”：一是订好苗，二是技术员，三是保销路。岳建河不仅给村里解决了这三大难题，还多方联系把配套设施做好，把井打好、路修好、河挖好，每个棚里都装上了滴灌。

但在脱贫攻坚的紧要关头，事情往往并非一帆风顺。

赵垛楼村第一次种植哈密瓜，到了收成的时候，并没有达到预期的效果。由于哈密瓜种植要求比较高，村民们还没太掌握技术，哈密瓜长得不好影响了销路，有的村民便想改种黄瓜了，“黄瓜好打理，不想费那事”。

此时，岳建河一针见血地指出，你这就是想偷懒，然后掰着手指头给大家算起了经济账，鼓励村民们别尽看眼前利益，要想想长远的收入。

鼓了劲、齐了心、掌握了技术，活越干越顺。到2017年，赵垛楼村已经发展到57个哈密瓜大棚的规模，村里组建了种植专业合作社，跟每个种植户签订了收购合同，不怕哈密瓜卖不出去。

此外，为了激发起群众的种植热情，葡萄架乡全乡20个村组织起了“每周一观摩、每月一评比”活动，各村都开始发展特色瓜果种植。两年多时间来，北边种黄桃、南边种哈密瓜的产业格局逐渐形成，果树种植达5000亩，哈密瓜大棚突破3000个。

2018年春节，岳建河带着老伴和1岁半的小孙女到乡敬老院给老人拜年，团圆饭的最后一道菜就是“兰考蜜瓜”。

当时，岳建河起身大声向老人们介绍：“这是咱们葡萄架人的脱贫致富瓜！”

从葡萄架乡发展起来的兰考蜜瓜，品牌已十分响亮。目前，兰考县与北京新发地农产品批发市场等建立了长期合作关系，北京新发地唯一县级场馆——“兰考馆”已开馆，兰考蜜瓜正源源不断走上全国百姓的餐桌。

曾有记者想数清葡萄架乡到底有多少哈密瓜大棚，岳建河笑着说：“这是一个种植‘幸福’的田野，幸福，咋能数得清呢？”

幸福虽然数不清，但做过多少实事，老百姓记得清。

4 “不碰碰咋知道它有多硬！”

凭良心干活，跟老百姓真心换真心，这是岳建河给自己立下的标准。

一年冬天，岳建河去查看刚通水的水渠，一位路过的老大娘见了他说：“岳书记，你知道普洱吗？我儿子在云南打工寄给我的，普洱，好东西，我泡给你喝！”

大娘没等岳建河拦住她，就赶紧往家里赶。

水渠离村有一段距离。大娘从家里端着一大碗普洱过来时，茶已冰凉。岳建河道过谢，端起黄瓷碗，一碗凉茶一饮而尽，心里却被一股暖暖的东西填得满满的。

谁为百姓办实事，百姓就会记得他。

岳建河有个习惯：去哪都带着笔记本，尤其是走访贫困户。谁家里啥情况，他都记在本上。

这样的笔记本共有18本，兰考县展览馆曾想要了去，岳建河一口回绝："这是工作用的，不是展览用的。"

说起村民们的事情，岳建河如数家珍。可到了各村之间脱贫成效评比的时候，这位岳书记可就成了黑脸包公。

岳建河曾在乡党委组织的"支书观摩评比会"的会场吵哭了一位60多岁的老支书。

老支书名叫张建民，在村里当干部有32年了，光是村支书就干了27年，是县里的人大代表，也是多年的老先进，可那一次韩湘坡村却因为产业发展不力、贫困户脱贫不力，被评上了"后进村"。

这还不算完。岳建河在会上说："韩湘坡村再搞不上去，就撤了你的支部书记，再另选他人干，我说到做到！"

老支书从没受过这样的批评，一把年纪的人在台上做自我检查的时候，说着说着声泪俱下，搞得岳建河心里也不是滋味，可他硬说，这是触及了张建民的灵魂。

这件事情一直被岳建河记了很久。

在岳建河离任前，有一次张建民来乡党委找他的时候，岳建河诚恳地问他："张支书，我吵你，你说句心里话，你到底恼我不恼我？你知道，你知道我可没有歪心眼儿吧！"

张建民一看岳建河亮闪闪的眼睛，立时泪水又差点漏了下来。

新老书记交接那天，面对台下几十号熟面孔，岳建河扯着嗓子故作镇定："我要去园艺场了！这些年干得不好的地方，请大家多担待！"

说完一句，岳建河突然觉得喉咙难受得紧，赶紧找了个借口跑到门外拐角，哆哆嗦嗦从口袋里掏出烟点上，猛吸了一口。

没人见着他仰得高高的头上是什么表情。

调到园艺场后，岳书记也遇上了不少新难题。

按照惯例，当年已经50岁的岳建河再有一年多就要面临内退，不少人认为园艺场是个闲差，适合他。

但岳建河不这么想，上任后，他发现园艺场存在的问题还真不少，这股想干事、想啃硬骨头的劲头又"上头了"。

仪封园艺场是曾经的国营园艺场，曾因林果业发展得好被誉为"黄河故道上的一颗明珠"。然而，随着岁月变迁，园艺场却成了负债沉重的贫困农场，园艺场场容场貌脏乱差，当地群众生活水平低，发展包袱十分沉重。

2017年8月，园艺场移交兰考当地接管，成为兰考稳定脱贫奔小康的突出短板，也正是因为这个原因，岳建河被派来了。

上任第一天，岳建河就跟干部们一起到6个分场实地调研。

走在坑洼不平、杂物堆积的街道上，看到荒草满地、蚊蝇乱飞的院落，岳建河的脸色越来越难看，现在全国、全兰考都在脱贫，咱们农场也不能落后啊，园艺场这样子，可不是农场不如农村、农工不如农民吗？

岳建河当即决定："咱们大干30天，怎么也得让园艺场旧貌换新颜，有个新面目！"

时间正是仲夏，大太阳晒得人不愿出门。可就在说出这话的第二天，天刚蒙蒙亮，岳建河就早早地带着铁锹、铲子等工具来到分包的街道开始清垃圾、除杂草、扫道路。有的干部晃晃悠悠地来了后，看到浑身已被汗水浸湿的岳建河，全都红着脸，不声不响地跟着干了起来。

榜样的力量是无穷的，党员的主动换来了群众的互动。看到整洁一新的街道，许多鬓发斑白的老人也不顾三伏天气纷纷加入环境整治中。

为了调动各分场积极性，岳建河把在乡镇工作积累的好经验用了过来。他采用观摩评比的办法，每天带队督导推进情况，通过实名制投票评出分场名次。

通过清扫各种杂乱物件、废弃物品、垃圾，真的只用了30天左右的时间，园艺场上下就高标准完成了60条街道、80个胡同的“清零”任务，昔日走在路上掩鼻而过的历史一去不复返。广大群众看在眼里喜在心里，纷纷感叹咱们园艺场如今也穿上了“新衣裳”。

其实，从不打无准备之仗的岳建河在上任前做了不少功课，但来到园艺场后，眼前的贫穷落后仍然超出了他的想象。为了掂量清楚园艺场的贫困“重量”，岳建河坚持从生活最困难的贫困户开始入户走访。

在二分场，岳建河看到97岁高龄的张云清老人家中一贫如洗、连件像样的电器都没有后，他差点掉下眼泪。听说老人儿女不孝，他顿时冒起火来，马上找来老人的子女，责令他们为老人更换衣被、打扫卫生、安装电扇。

在走访过程中，岳建河发现了一个问题：很多退休职工的“工资本”被儿女拿着，老人家庭生活十分困难。

这可惹恼了岳建河：“谁说清官难断家务事，我还非要管管！”劲头一上来，方法还得用对。岳建河挨家挨户地敲门，苦口婆心地给这些家庭的子女“上课”。最终，儿女们不仅将“工资本”全部还给了老人，也变得孝顺多了。

到园艺场工作仅仅一个月时间，岳建河就将园艺场的贫困户、低保户全部走访慰问了一遍。400多户群众的生活怎么样、家庭什么情况、都有什么困难，他心里有了底。

“我老岳最不怕啃骨头，共产党员就要挑硬骨头啃！”岳建河的这句话很多群众都听过。到园艺场后，做好了“清零”任务，他果然又盯上了一块谁都不愿意啃的硬骨头：土地。

多年来，园艺场一直存在人口基数不清、土地面积不清等问题，大片国有土地被村民侵占，园艺场和群众之间的矛盾一度十分突出，成为制约园艺场发展的绊脚石。这个问题，多年来别人都是不愿管、不敢管、管不好。

“不碰碰咋知道它有多硬！”岳建河争取到县里支持后，组织场派出所、国土所、财务科等几个部门组成联合调查组，对园艺场被侵占土地的位置、亩数、使用现状等进行认真摸排。

摸清“家底”后，岳建河果断组织6个分场开展核查处置工作，把违规占用的土地该退的退、该还的还、该清的清，不仅有效避免了国有资产的大量流失，也为园艺场长远发展解决了用地不足这个老大难问题。

为了加快园艺场特色农业规模化、专业化发展步伐，岳建河还发挥在葡萄架乡大力发展哈密瓜产业脱贫致富的经验，倡导群众积极调整农业产业结构，在推进传统农业转型升级上做文章。他多次带领园艺场管理人员到河南省果树研究所和周边乡镇瓜果园区实地考察学习，努力把破落的园艺场打造成现代化的果园。

从走访了全部1000多名职工，到整治园艺场脏乱差的环境，再到收回了数千亩被侵占的土地……曾经在整个开封都没啥存在感的园艺场在几个月间焕然一新。用岳建河老伴的话说，鸟不拉屎的地方，你也要让鸟拉屎。

岳建河嘿嘿一笑说，咱干的都是良心活，混日子等内退不是咱作风！

由于园艺场和葡萄架乡位置相邻，偶尔会有一些边界和土地的纠纷，群众之间的小矛盾也经常出现。群众闹矛盾的时候，常常就想起了岳书记——

“走，找我们岳书记评理去。”

“啥？岳书记现在是我们的书记！”

“不管，找岳书记，看到底是谁的岳书记！”

……

到园艺场工作后，不知道出现了多少次园艺场职工和葡萄架乡群众“抢书记”的场面。可无论吵得多凶、闹得多僵，岳建河到了说两句话，气氛就缓和了；他给拍个板，矛盾就化解了。

每次说到“抢书记”，黑脸的岳建河总是难得的笑眯眯。他说，当干部这么多年，等退休了，老百姓能说句“老岳不赖”，我就心满意足咯！

第二章

兰考之问
问出百姓的心声

2014 年 3 月 18 日，习近平总书记听取兰考县教育实践活动情况汇报并发表讲话："要用好批评和自我批评武器，有一点'辣味'，让每个党员干部都能红红脸、出出汗。"就是在这次民主生活会上，时任兰考县委书记王新军发出"兰考之问"，作出"三年脱贫，七年小康"的庄严承诺。

1 精神高地，却是经济洼地

1966年2月，因为新华社记者穆青等人采写的一篇长篇通讯《县委书记的榜样——焦裕禄》，兰考一度成为全中国最著名的县城。

兰考出名的原因有二，一个是令全国人民动容和敬佩的县委书记焦裕禄，而另外一个却是兰考人心上的一道疤：穷。

在当时的中国，兰考是一个平凡到不能再平凡、普通到不能再普通的小县城。地处豫东平原、北依黄河，这个生在黄河边上的小城，却也因黄河而疼痛。

蜿蜒5000多公里的黄河，一路东流入海，在北方大地上留下了九曲十八弯，而兰考恰恰就在这最后的一弯上。这最后的一弯，将风沙、盐碱和内涝留给了世代在这里居住的百姓。

在兰考县东坝头乡张庄村村民雷中江的印象中，小时候的兰考除了沙，还是沙。北风扬起的时候，所有人都满面灰土，牙齿一嚼都嘎巴嘎巴响，鼻子经常莫名其妙流鼻血。有时风沙太大，一宿的时间就能把门堵住。一早起来人要想出门，只能从窗户爬出去。

据《兰考县志》记载，自1644年至新中国成立的305年间，兰考发生涝灾90多次；自清朝咸丰年间至新中国成立的近100年间，兰考被风沙掩埋的村庄就有63个。1949年，全县97万亩耕地中，低洼易涝地达12万多亩，沙碱地达33万多亩，全县粮食亩产仅38.5公斤。

在当年，虽然全国上下都处在普遍困难时期，但刚刚来到兰考的焦裕禄还是被眼前的景象所震撼。他没想到这个离他之前工作的开封市尉氏县不到百公里的兰考县，竟然是如此另一番景象：黄沙漫漫，白茫茫的盐碱地上颗粒无收，风沙把树根刮起，幼苗难以成活，老百姓生活更是苦不堪言。

虽然焦裕禄带领群众苦战“三害”，甚至把生命奉献在了这里，但除环境有了一些改善之外，穷根还是远未从肉里拔出来的刺。

1981年，22岁的陈香枝嫁到了兰考，60元的彩礼成为她和爱人组建家庭的全部费用。

那个时候，兰考的穷，她是知道的。兰考本地的姑娘都抢着往外嫁，她却不顾全家人反对，执意嫁进了兰考。陈香枝嫁来村里，对她丈夫一家来说简直就是个“宝”，“我要不是看上了他这个人，我才不来这呢，在哪过日子不比在这好”。

想到那些年的苦日子，陈香枝到现在依然印象深刻。家里五口人住在三间破房子里，一年到头辛苦种地却不打粮，收成最低的时候人均一年只能产出13斤小麦，大人孩子勒紧裤腰带，勉强够一家人糊口吃饭。日子苦得没办法了，陈香枝的爱人随着村里人四处去打工赚钱，一年到头不着家，她一个人留在家里照顾老人和孩子。

那个时候的陈香枝，每一天就这么麻木地过着，她和村里人都觉得，这就是命，兰考的苦日子就是兰考人的命，“过一天算一天吧，有时候听说别的县城有个万元户，自己都觉得是在听故事”。

改革开放后，兰考的情况并没有明显改善，贫困始终是压在当地人头上的一座大山。2002年，兰考被确定为国家级贫困县，从“外出要饭”到“向国家要饭”，贫穷似乎成了兰考人摆脱不了的标签。

2009年，时任河南省委书记徐光春曾撰文发出疑问，无论是从河南全省乃至全国蓬勃发展的大背景看，还是从调研和查阅的省内外县域经济发展资料反映的情况看，兰考的经济社会发展都是相对滞后的，发展不足和质量不高的问题还比较突出。

在兰考，一个刺眼的问题无论如何也绕不过去——当时改革开放已经30多年了，发展的机遇一波接着一波，发展的热潮一浪高过一浪，与兰考条件相似、位置相邻的河南长垣、山东曹县都抓住了机遇异军突起，为什么兰考还是发展的洼地？兰考这个“政治明星县”怎么就长了一条“经济短腿”？政治高地为何摆不脱经济洼地的阴影？

类似的疑问不断被提出，但遗憾的是，兰考贫穷的事实一直没能被改写。2014年，是焦裕禄逝世整整50周年，可走进兰考县城，四处目之所及仍是贫穷和破落的印记：几条简单的街道、四处低矮的民房，即便是在县城最热闹的地方，也找不到一家高档的酒店或者是有些许现代化的商业广场。

按照兰考官方公布的数据，2013年，兰考县实现生产总值193亿元，按照当地公布的全县人口83万人计算，兰考县的人均地区生产总值仅为2.3万元，且不说和南方的经济强县比较，就是和周边同样的农业县相比也是差距悬殊。

不少人说，兰考当年之所以错过了改革发展的红利期，是因为思想观念没转变过来。很多当年想在兰考大干一番的人回忆起来，都说当年兰考的社会发展环境不够好，不作为、乱作为、慢作为的现象很突出，所以外地企业不愿来、本地企业难成长。

可到了改革开放如火如荼的时候，眼看着全国经济快速崛起、周边县市不断发展、全国人民的钱包鼓了起来，兰考人也很着急。曾任兰考县县长的周辰良也带领干部走出县城、四处招商，但是并不顺利。

可能是急于求成，可能是缺少科学论证，也可能是没有培育出成熟的市场，总之，千辛万苦招商来的一些工业和商业项目不久后就陷入了半停产状态。甚至在20世纪90年代中期，河南举全省之力支援建设的帮扶兰考“十面红旗”项目和企业也最终销声匿迹。

有不服气，有自责，也有困惑：兰考到底是怎么了，为什么我们就富不起来？

2 红脸出汗，发出“兰考之问”

2014年3月18日，习近平总书记听取兰考县教育实践活动情况汇报并发表重要讲话：**“要用好批评和自我批评武器，有一点‘辣味’，让每个党员干部都能红红脸、出出汗。”**就是在这次民主生活会上，时任兰考县委书记王新军发出“兰考之问”，作出“三年脱贫，七年小康”的庄严承诺。

“请大家向我开炮。”

2014年5月8日上午，兰考县委常委班子召开专题民主生活会。

县委书记王新军做完自我剖析，一句话话音刚落，和他搭班子的县长周辰良就直言不讳地提了三条意见：“一是你工作作风太武断，听不进去不同意见，没两句话就拍桌子；二是遇事先定调子，造成班子成员被动；三是抓工作大包大揽、一竿子插到底，让下属无所适从。”

那一上午，刺耳的话不断，更有在场同志“挥刀自戳”，开展深刻的自我批评。

县委书记王新军自我检查政绩观有偏差，片面追求地区生产总值增速和县域排名，贪大求洋，超越财力搞城市建设；县长周辰良说自己多是在办公室听汇报，即便下去调研，往往也是“路上一小时、调研十分钟”；组织部部长仝柯峰直言，在干部调整中有时碍于多方打招呼、递条子，怕得罪人，不能按原则办事；县委办主任魏随安则自我检查工作责任心不强，领导说啥就是啥。

“不讲原则”“不负责任”“拔苗助长”“作风漂浮”，这些措辞尖锐但直指要害的词语不时出现，“白脸进、红脸出”，掏心见胆、坦诚相见之间，这场“辣味”十足的民主生活会吹出了一阵新风，吹向了全国，更吹进了兰考党员干部的心里。

作为焦裕禄之后的第14任兰考县委书记，王新军在会上提出了一个困扰自己多年的问题：为什么守着焦裕禄精神这笔财富，50年后兰考经济仍比较落后，还有10万人没脱贫？

这是困扰着王新军的问题，也是几十年来兰考人心头一个解不开的大疙瘩。

在进入兰考县城的必经之路上，有一座焦裕禄铜像，他裤脚挽起，双手叉着腰望向远方。看到铜像的刹那，一股崇敬感油然而生。

如今回想当年的兰考，焦裕禄精神似乎凝固在这座铜像上，领导干部身上的干劲、闯劲越来越少，害怕“有损焦裕禄精神发源地的形象”；而老百姓“穷惯了”“熬疲了”，觉得兰考“也就这个样”。

“贫穷不可怕，可怕的是被贫穷磨颓了斗志、安于贫穷。”这是兰考出生的温振回到农村老家工作后的最大体会，也是他对“兰考之问”的回答。

“多少人走着却困在原地，多少人活着却如同死去，谁知道我们该去向何处。”温振后来一直想，如果当年已经有了这首《存在》，他应该是哼着这首歌回到兰考的。

2008年，22岁的温振放弃外面世界的可能性，毅然选择回到老家兰考县仪封乡胡寨村，成为一名村官。

“刚毕业的毛孩子能干啥，来做样子的吧？”当温振被一台柴油机动三轮车颠簸着接进村子时，胡寨村的村民当面没说啥，私下闲聊时却以年长者看小孩子胡闹的旁观心态品评着。

在读小学之前，温振一直生活在乡下，对农村有着细致入微的体察：“叔伯辈的手都粗糙得很，纹理里浸满尘土灰质，那是面朝黄土背朝天的人洗都洗不掉的印记。”农民在土里刨食的艰辛，以这样一个细节深深印在他的心里。

那个时候，温振还没想到“兰考之问”这么深刻的问题，但他心里有一种不服气：凭什么就是我们兰考穷？他还有一种不屈不挠的倔强：我不怕吃苦受累，只怕找不到存在的意义。

几年下来，从村官到副镇长，温振在基层扎下了根，也看透了不少问题。兰考的问题是“脑袋的问题”，不敢干、不会干、不愿干是兰考贫困群众的“通病”。不少百姓被“精神贫困”难倒了，总觉得看不到希望、提不起干劲，再努力也“扶不起来、拉不动”。

徐二排曾经就是那么一个“拉不起来”的人。

徐二排是兰考县固阳镇徐场村村民，年轻时身体好，还能出去打工赚钱。可年纪越大身体越差，没法外出打工赚钱的他最后连看病的钱都拿不出来。

越穷越没劲。徐二排像是个被戳瘪了的皮球，不仅拒绝了村干部介绍的镇上工作，也推掉了不少政府的帮扶项目，“啥都不想奔，就想着日子混混，过完这辈子就行了”。

过去，徐二排到过最大的“衙门院”就是乡政府，县委大院是他想都不曾想过的地方，最多不过是在去火车站的路上遥遥地一望。但是让他没想到的是，居然有一天，县委大院里开会时发出的“兰考之问”竟传进了他的耳朵里，甚至让他失眠：

是啊，为啥啊，我们兰考咋就这么穷，我们就该一辈一辈地这么穷下去么？

那一夜，徐二排辗转难眠。

3　一行行脚印，解开思想上的束缚

时间回到1962年的一个冬夜，时任兰考县委书记的焦裕禄第一次向兰考的干部提出了“兰考之问”：“改变兰考面貌的主要问题在哪里？”一夜的讨论摸出了答案：关键在于县委领导班子的思想改变。

兰考之穷，穷在了思想上。

兰考要变，先要从思想上改变、从行动上实践。

2016年5月的一天，凌晨1点，兰考县城建局微信群响起了新消息提示音，局长马玉仁还在安排工作。

他从刚结束的会议上得知，有一处路灯不亮，影响早起的环卫工人作业。他的想法是："今天再晚也算早，明天再早也算晚。"于是，马玉仁赶紧安排相关人员进行维修作业。

2015年时，兰考城市建设的历史欠账还非常多，为了改善城市面貌，兰考实施城市综合提升工程，30多项工程、120多个工作面在全县铺开，城建局"压力山大"，但没有一个人请假掉队。

距离马玉仁布置任务5个小时后，晨跑的干部谢凤全在雾霭中碰见几个熟人，是县长李明俊在现场谋划道路改造。他一点没感到惊讶，这太正常了。

再过半个小时，县城建局城建所所长王晓坤就会骑着电动车上街，把县城各条路段近20公里转一遍。这个习惯，他从抓城建工作以来就每天坚持。同事们劝他坐单位的车，他不以为然："坐在车里眨眼的工夫就过去了，没有骑电动车看得清楚。"

一开始，还有人说某某领导太拼了，后来慢慢没了声音，因为大家都一样忙、一样拼，一样都想破解心中的"兰考之问"，用行动解开长久以来思想上的束缚。

从兰考县委、县政府，到各个乡村街道，大家渐渐明白，“兰考之问”的答案不在文件中，更不在讲话里，而是在每一个党员干部踏踏实实的脚印下。

兰阳街道办位于兰考县城中心，是兰考的门面。

在以前的大部分时候，街道办党工委书记王凤普都是开开会、动动嘴，布置布置任务，检查检查工作，可自从他担起县城改造提升担子的那一刻起，就再也没有把担子放下来。

三个月下来，王凤普不知道在街道辖区内走过多少遍，“别的不敢说，哪块马路牙子磕豁了口，哪根路灯杆子上面涂黑了印，我都清清楚楚”。

“干得越多心越‘虚’，”王凤普说，“这种‘虚’有种说不出来的劲儿，不是心虚的‘虚’，是摸清家底、探明前路的‘虚’，因为工作越投入，自我要求也越高，不爱看成绩，总爱看不足，给自己的目标越画越大，总怕完不成，恨不得长八只手出来。”

在实践中找答案，在实干中出成效。到2015年，兰考城市规划区建成面积由2011年的19平方公里扩大到41.8平方公里，城镇化率达到39.53%。实施棚户区和城中村改造项目48个，建设商品房580万平方米，中心广场、仙霞池、兰阳西湖等一个个景观开始呈现在兰考百姓面前……

如今的兰考从一座小县城发展成了一座大县城，王凤普也没有“如数家珍”的口气了，有的地方甚至他连去都没有去过，怪不得他说心里发虚。

心里发虚的不只王凤普。兰考干部的思想转变让不少人猝不及防，多少还有些不适应，其中就包括第一次遇到送礼送不出去的张贵山。

2014年8月，张贵山的企业和兰考签订了招商引资协议，之后他就在紧锣密鼓地办理各项手续。

在全国各地投资办厂的张贵山深谙一些见不得光的潜规则。一次他去一个县领导办公室，搁下一条烟扭头就走，可不到一个小时，烟又被退回到他手里。

“人家不收礼，好像看不起咱一样。”张贵山惴惴不安：企业刚落户，需要政府服务的地方还很多，不会受什么影响吧？直到2015年中秋节的一通电话，才使他彻底打消疑虑。

当时张贵山已经放假回家，突然接到值班工人电话，说县领导去工地了，问有什么困难没有。他提了点供电方面的问题，没想到当晚就解决了。“一条投资10亿元的生产线14个月投产，没有一分钱花在请客吃饭上！”张贵山感慨，企业到兰考算是来对了。

让外来客商点赞并不容易，这不仅需要党员干部的思想转变、服务意识的提升，还离不开从上到下的建章立制。

对此，兰考县委书记蔡松涛揭开了答案：当地通过体制机制改革，设立专业化招商及服务团队，以“服务企业”为核心，对行政权力限权、确权，为塑造健康的政商关系创造了条件。

深学、细照、笃行。从2014年5月8日兰考县委常委班子专题民主生活会上，县委常委班子揭短亮丑，相互批评点“麻骨”、戳痛处开始，老旧思想的破除、理念想法的交流一步步推动了“兰考标准”的树立。清正廉洁的干部队伍、风清气正的政治生态正逐步形成，基层干部思想上的束缚便也自然解开了。

“你很少回家，不是个好爸爸。但你是个好干部，为工作日夜忙碌，别人往家送东西从来不要。”在儿子的18岁“成人礼”上，读着他写给自己的信，时任兰考县红庙镇党委书记黄宗刚潸然泪下。

几年前，这位兰考曾经最年轻的副镇长打报告调到了县直机关工作，想远离不良风气的“浑水”。黄宗刚心里的算盘清清楚楚：“我是农村孩子，没关系、没资源，更没钱，上升空间不大，就中规中矩干。”

然而随着2014年党的群众路线教育实践活动深入推进，兰考党内生活面貌和选人用人导向有了明显改观，时任兰考县委书记王新军更是在干部大会上旗帜鲜明地亮明原则：“县委靠党性用干部。以后用干部，发现谁找人，就打个问号，或者直接进黑名单。”

后来，踏实肯干的黄宗刚又被委以重任，负责经济薄弱、管理困难的红庙镇，他对此很有感触："政治环境干净了，干部心思也就单纯了，脑袋里只想着怎么把工作做好、怎么为百姓做事。"

思想的转变像一扇门，一旦打开，就进入了另一个加速发展的好时节。

2015年1月，为了达成"三年脱贫，七年小康"的目标，兰考从县乡两级选派345名优秀后备干部，组成115个扶贫工作队奔赴115个贫困村，时年41岁的兰考县扶贫办副主任孙贯星就是其中一员。

在驻村以前，孙贯星已经几次动了辞职的念头："纠结彷徨、无所事事，感觉不到自己有什么作为、有什么价值。"然而，驻村扶贫完全改变了他的工作状态。

驻扎到裴寨村的第一天，时值寒冬，有老百姓把自己的电褥子拿来给驻村工作人员用，群众的信任和期待让孙贯星很是感动："最开始压力挺大，县领导三天两头往村里跑，不做事没法给领导和群众一个交代。"渐渐地，孙贯星化压力为动力，他发现了自己身上的改变，他从"拖延者"变成"行动派"，越来越愿干事，越来越想和群众在一起。

孙贯星花了一个月时间调查，找准村里优势、发展生态农牧、恢复村里水系、制定民俗旅游规划，还建立了50多人的裴寨在外精英人士群，发动能人的力量建设家乡。

在他的带领下，昔日的“软弱涣散村”最终成了兰考县的“红旗村”，乡村旅游也在豫东打出了名声。

2016年，裴寨村顺利脱贫摘帽。

像孙贯星一样，从“等等看”到“比着干”，一旦扛起了驻村扶贫的重任，驻村干部们争分夺秒想做事的强烈愿望便被激发出来。孙贯星对此很感慨：“村子再小，也容得下有能力、有梦想的人，只要和群众在一起，自己的价值就能得到最大的认可。”

4 精准扶贫进行时

贫困难道真的不可战胜？

“活着我没有治好沙丘，死了也要看着你们把沙丘治好！”焦裕禄临终前的这句话，代表了共产党人向贫困斗争到底的决心。

2014年5月，兰考县委、县政府作出“三年脱贫，七年小康”的庄严承诺。

军令状立了，就要兑现。

2016年，蔡松涛接任焦裕禄后第15任兰考县委书记。他说，一代代共产党人接力奋斗，带领兰考人民蹚过了一道道难关，持续向贫困宣战，把反贫困的压力变成持续发展的动力，我们有丰富的经

验积累、有强大的制度优势，兰考战胜贫困的曙光已在眼前。

贫困户状况千差万别。兰考县针对不同原因、不同类型的贫困户，因村因户施策，制定了12项有针对性的具体帮扶政策。带着这12项扶贫政策来到贫困村的驻村干部，和当地的村干部一道，不断书写着兰考大地上的一个个脱贫故事。

这天凌晨4点，像以往无数个早晨一样，兰考诚信灯饰加工厂的老板袁新中开着面包车从家中出发，前往20公里外的兰考南高速口，接收厂家通过长途大巴捎来的原材料。

车里的音乐将睡意驱散，袁新中也早已习惯了这种辛苦，用他的话说："早起的鸟儿有虫吃。"

凭着这股子勤劳肯干的韧劲，2017年，袁新中搬进新盖的三层小楼，开回来一辆20多万元的小汽车，而且厂里订单不断、生意红火。看着今天过着幸福小日子的袁新中，谁也想不到在2014年，他还是兰考县谷营镇栗西村公认的贫困户。

2013年对袁新中来说，是不堪回首的一年。因为左腿意外摔伤，不仅多年务工的积蓄被掏空，每月还要花四五千元治病。更让他崩溃的是，由于这次受伤不轻，他再也干不了重体力活。

一直勤勤恳恳的袁新中在建档立卡时，不得不当上了因病致贫的贫困户。

袁新中觉得难受得要命。"不能一直让人看不起啊，我一个大男人怎么也要靠自己生活，不能躺在家里等着国家给的补助过日子！”还在病床上，袁新中就已经琢磨着怎么尽快摘下这顶贫困帽。

什么活我能干得了？什么活能赚钱？什么活现在市场上最紧俏？琢磨来琢磨去，袁新中看中了彩灯加工这门生意。

来料加工彩灯，简单易学，而且很适合村里的留守妇女和老人。袁新中让爱人许荣花先去浙江学艺，学成归来时，许荣花带回的小订单燃起了袁新中从头再来的希望。

袁新中的生意渐渐有了起色。从一开始要出门找订单，几十套、几百套地找活干才只能赚到几百元的加工费，到现在他已经可以在家等订单，反而是被客户催着下单提货。

富起来的不仅仅是袁新中一个人，他还带动了全村农民一起致富。袁新中当初看重这个生意，就是考虑到村里的实际情况，干这活想来就来、想走就走，工资按件结算，而且还能拿回家做。这样一天少则三四十元，多则五六十元，还能守着老人、看着孩子，村里大伙儿都愿意干。

如今，让袁新中倍感骄傲的不仅仅是收入的增长，更是带动全村老百姓一起致富的成就感和全村人共同点燃的那股脱贫奔小康的干劲。

随着县里接连出台脱贫政策和补贴措施，袁新中的加工厂成为谷营镇第一个“巧媳妇”工作点，吸纳了86个工人，其中建档立卡贫困户接近一半。不仅如此，他还在附近乡镇发展了不少加工点，带动260多人就业。

在袁新中的带动下，村里又开了一家服装加工基地，解决了不少剩余劳动力就业问题。“原来村里闲人多，老爱打牌搓麻将，现在都一门心思干活了。”袁新中说，人不一定要多么有钱、多么富裕，但是要活一股劲头，就是我们村这种奔向好日子的劲头。

袁新中的故事，是兰考各贫困村因地制宜、精准脱贫的缩影。鼓足劲、找对路，精准扶贫在兰考遍地开花，几乎每一个曾经的贫困村都摸索出了自己的发展之路，有了属于自己的产业。

徐场村利用泡桐发展民族乐器，全村到兰考宣布脱贫摘帽时已有乐器企业54家，销售收入6000多万元；夏武营村143个贫困户中有135户通过种植蔬菜脱贫；赵垛楼村发展哈密瓜种植等产业，让一批贫困户脱了贫……

穷了几十年的兰考，在全国率先脱贫摘帽，兰考闯出的到底是一条什么路?

面对来自全国各地人们关切的探询，年轻的县委书记蔡松涛总会这样回答：**兰考的脱贫道路并不神奇，它是焦裕禄走过的路，是习近平总书记反复指出的共产党人应该走的路——共产党人始终不变的初心。**

“螺丝拧了一半就松劲，最后还是会脱落的。”蔡松涛是一个喜欢打比喻的干部，他说，脱贫就是拧到一半的螺丝，下一步，还要加紧把螺丝拧到牢靠。

道路拓展永无止境，制度完善永无止境。今天的兰考，一场漂亮的精准脱贫攻坚战，更让兰考干部群众重新拾回了自信：兰考不仅有能力在全国脱贫攻坚工作中立标杆、作示范，也有决心在小康路上作出新探索、形成好经验。

第三章

工作队也有搞砸的时候？

从差点被村民们赶走，到鼓足干劲带领村民种黄桃，从逼着自己跟群众“尬聊”，到任期结束群众拦着不让走……精准扶贫，就要扎根到群众身边。兰考脱贫攻坚战打响以来，一支支工作队和来自全省的“第一书记”们在脱贫攻坚的一线扑下身子，一心一意带领群众脱贫，不断续写脱贫攻坚的兰考篇章。

1 “哪儿来的回哪儿去！”

精准扶贫，就要扎根到群众身边。

岳建河离开葡萄架乡的那天，给他送行的人里三层外三层，都是熟悉得不能再熟悉的人，但岳建河还是一眼看到了一个高高瘦瘦、白白净净的女干部。她叫彭翱喃，曾任葡萄架乡何庄村驻村扶贫工作队队员。

和黝黑粗糙的岳建河比，她显得文静细腻，可干起活来，闯劲、执拗劲一点不比岳建河差。尤其是工作上有分歧时，彭翱喃就扯着嗓门和岳建河争论，一点不落下风，有时候，岳建河都得让她三分。“只要她说得对，我肯定让着她啊！”

彭翱喃不像别人，跟岳建河争执的时候被他说得下不来台。可她虽没被岳建河吵哭过，却自己一个人偷偷哭过。

那是大约五年前，35岁的彭翱喃把自己关在何庄村委会的房间里，放声痛哭。

2015年4月10日，是彭翱喃难忘的“至暗时刻”。

“小彭，你赶紧去咱地里看看！”

“出啥事嘞？”

“苗……苗全都蔫死了！”

彭翱喃脸色一变，赶紧放下手头的活儿，跟着村民跑到黄梨地里一看——地里新种下的一片黄梨树苗不仅没有发芽，反而一株株垂着耷拉在田里。

村民们窸窸窣窣地议论着什么，看见彭翱喃来了，投向她的都是怀疑和嘲弄的目光。一阵窃笑，把彭翱喃一个人愣愣地撇在原地。

彭翱喃心里一阵委屈。从河南大学中文系毕业后，作为家里的独生女，为了照顾父母，也想和家人团圆，她选择回到兰考县葡萄架乡工作。当地开展驻村帮扶以来，她成为何庄村扶贫工作队的队员。

2014年初春，初来驻村的彭翱喃和工作队的同伴急于帮村民搞产业，由于带领村民脱贫心切，在没有严格考察的情况下，她和工作队引进的400多亩黄梨项目匆匆上马，可结果却是眼前一片蔫死的树苗。

树苗一开始明明长活了呀！

彭翱喃静下心来，仔细回想一年来种植黄梨的经过，发现问题的症结在于没有深入考察，也没有请专家论证。“说到底，还是心太急了！”

彭翱喃下定决心，一定要和工作队一起给村民们选择一个靠谱的村集体经济项目。经过仔细论证考察，甚至进行土质化验对比后，彭翱喃和工作队的同事们又确定了新的种植项目：黄桃。

然而，此时许多村民对她和工作队已没有了信任。

“不想种！”

“哪儿来的回哪儿去！”

“噫！还高才生哩？看把俺们地里糟践的！”

有的态度好些的，也就是光说“中中中”，就是不种，被催急了直接劈头一句“不想种”。

村民们嘲弄的眼神、刻薄的话语，一下子撞进彭翙喃脑子里，把35岁的她撞得晕头转向，趺趺撞撞跑回何庄村委会，一个人把房门狠狠一甩，号啕大哭！

可彭翙喃明白，驻村干部的字典里不能有“气馁”两个字。哭过以后，她想了办法：先把村干部发动起来，给村民们带个头。

这年，她和驻村工作队发动村干部带头先种植了200亩黄桃，第二年就见了效益——虽还不是盛果期，但每亩收入已达四五千元，不少村民见状动了心，渐渐地就把黄桃种了起来。

到了2017年，何庄村黄桃种植面积已经发展到1600多亩，何庄也凭借这一产业顺利摘掉了贫困帽。

看着这个老爱跟他顶嘴的小姑娘干出了这么好的成绩，岳建河没当面表扬过她，但好几次在给别的干部开会时让大家向彭翙喃学习：没有驻村工作队的带头，没有彭翙喃的坚持，何庄也许就不会找到这么因地制宜的种植产业。

彭翱喃的倔劲不仅带动了何庄之变，在兰考县驻村干部们身上这股干工作的热情和韧劲，更是打破了这么多年箍在兰考干部群众头上一道无形的紧箍咒，这可能就是工作队的“魔力”所在。

2009年，当时河南省委政研室一位负责人带队到兰考调研后认为，兰考谋发展、谋事业热情不足，缺乏思路和方法；不愿干、不敢干、不会干的懒散状况和畏惧心理，以及眼高手低的不良习惯普遍存在，组织干部群众到外地考察，“听了不信，看了不服，回来不干”。

历史上形成的保守观念不光存在于群众身上，同样存在于兰考干部身上，这成为兰考长期贫困最大的症结。

“把政治大县的身份当成包袱，求稳怕乱思想严重。”兰考县政协主席吴长胜出生于兰考，又在兰考工作了30多年。他说，兰考干部原来的口头禅是“兰考不行，咱学不来”，最擅长的就是上面让干啥就干啥，这样不会出错、不用担责任，正因为此，兰考错失了多次发展机遇。

党的十八大以来，面对习近平总书记的嘱托和全县人民的期盼，兰考人决定要改变命运，一定要扔掉向国家“要饭”的帽子。

在兰考县委、县政府作出“三年脱贫，七年小康”的承诺之后，全县115个扶贫工作队扎根在115个贫困村，而彭翱喃正是其中的一员。在兰考每个贫困村，都有一个“彭翱喃”，他们是脱贫不可或缺的领头雁，也成为兰考干部作风和思想观念转变的一面镜子。

就这样，一支支工作队和来自全省的“第一书记”们在脱贫攻坚的一线扑下身子，一心一意带领群众脱贫，不断续写脱贫攻坚的兰考篇章。

2 “等我干出点名堂再去看焦书记”

“你可不能走！”

“那你准备叫我在这儿干几年？”

“几年？十年也让你干，在你走之前，村里的事你可得全部给干完啊！”

2016年夏天的一个中午，在兰考县三义寨乡付楼村，刚刚吃过饭的王中伟和村民们聊天，无意中聊到了自己走后村里该怎么发展，紧张的村民们一听这个“80后”第一书记要走，赶紧把他里三层外三层围在中间“耍起了赖”——这个来了10个多月的第一书记，已经成了全村百姓的“宝贝”。

王中伟是河南省2015年选派到兰考的第一书记，被下派到付楼村参与当地脱贫攻坚工作。

一个省里的干部来当了“村官”，这让村民们天然觉得有种距离感。这种距离感，成为王中伟下到村里来的第一道坎。

刚来村里时，村民们见到王中伟都不爱跟他说话。王中伟问一句，等半天，村民们才从嘴里蹦出一两个字，有的时候不过是嘿嘿两声，听不出是赞同还是不满，更多的时候是令人尴尬的沉默。

一开始，连连碰上村民们“软钉子”的王中伟着实有些难受。他感觉跟村民们聊不下去了，但他沉下心来，还是决定逼自己一把：“‘尬聊’也得聊下去，跟群众话都说不上，工作还咋干？”

慢慢地，跟村民们“尬聊”得多了，脸熟起来了，心就热起来了，话自然而然也多起来了。靠着这股硬着头皮“尬聊”的劲头，不到三个月，全村所有村民跟王中伟都熟悉起来了。有时候王中伟聊完了起身要走，还被乡亲们摁下“再唠会”。

王中伟跟群众熟不熟，他的充电宝知道。

从每天早晨一睁眼开始，王中伟的手机就开始时断时续的“间奏曲”——每天打进来的电话差不多有几十个，有县乡领导的，有村里干部的，有家人的，但最多的还是村民们打来的。一个电话短的几分钟，长的十几分钟，从早到晚铃声就没有断过。手机变成了热线电话，这让王中伟不得不随身带上充电宝。

“他们有事直接给我打电话，说明他们信任我、依赖我，证明我干得还不赖。”无论是清晨五六点天刚蒙蒙亮，还是晚上十一二点，王中伟都基本在铃声响起的五秒内接起电话；村里乡亲们咨询的每一件事，无论他清不清楚、管不管得了、是不是他的工作，他都保证给个回音。

“我来这可不是串亲戚、交朋友的，带着群众脱贫致富是最大的任务。”人熟村熟后，王中伟开始琢磨起工作怎么干。

王中伟刚到付楼村时，全村有贫困户82户376人，他用了半个月的时间了解所有贫困户的情况后，发现这些贫困户各有各的难处，但是他决定从贫困户中的贫困户——“兜底户”开始着手。

他把目标放在了郝金刚家。郝金刚是付楼村的“兜底户”，他不仅自己腿有残疾，还独自拉扯着两个未成年的孩子，收入少、压力大，生活除了绝望还是绝望，脱贫似乎没有任何门路。

在王中伟走进郝金刚家时，他发现这个50多岁的男人已经穷了大半辈子，穷得都有些麻木了。

“就这么过吧，啥日子不是过呢……”沉默寡言的郝金刚不爱和村里人打交道，更不想跟村干部打交道，可他没想到的是，自己却被省里来的这个第一书记给盯上了。

王中伟早就打好了算盘，如果郝金刚这样的“兜底户”能脱贫，绝对会激励其他的贫困户，带动大家向整体脱贫迈进一大步。

就这样，王中伟天天泡在郝金刚家，一点也不拿自己当外人。农活怎么干、做点啥买卖，就连院子怎么收拾，王中伟都愿意掺和下。一来二去，郝金刚也习惯了，什么事都会问问王中伟的意见，让他给出点主意。

这天下午5点多，刚从县城了解完贫困户贷款的情况，王中伟直奔郝金刚家。郝金刚最近正准备改建院子，一直催着他过来给帮帮忙、划划道。

一进院门，王中伟也不客套，直接安排起来："你先拉一个围墙出来，地面做平，然后在南边再修一个鸡舍，这个经费我来想办法，你就别管了，以后鸡能多养点，还可以再养点兔子……"

虽然按年龄来说，王中伟都差不多该叫郝金刚一声叔了，但听到王中伟的意见，郝金刚连说了五六个"中"。

刚迈出郝金刚家大院，准备回村部，王中伟突然想起来个事，扭头跟郝金刚说："老郝，你家那几亩地流转出去吧，不比自己种地赚得少，还有保障。"

郝金刚嘴角扯了下，还没等把话说出口，王中伟就笑了，直接说："我知道你怕流转出去了别人不认账，有我在呢，你怕个啥？"

"中，那这两天我就去签！"

对一直在省政府机关单位工作的王中伟来说，写工作总结、梳理成绩，并不困难。但是他在付楼村除了正常汇报工作外，从来没有给他自己的工作梳理个"成果"、总结个"经验"。

王中伟心里清楚，其实跟很多基层干部比，他对农村很多情况都不熟，他给自己定了两条规矩：一个是群众的事一定要用心去干；一个是无论干的结果怎么样，都要实实在在给群众一个“回音”。

2016年的一个夏天，王中伟刚从乡镇开完会回村部，60多岁的村支书赵二红就急忙找到他：“中伟啊，你看咱们的井……”

还没等赵二红说完话，王中伟连口水都没喝，一声“走”就出了门。

付楼村大约有1000亩地，但是机井特别少，全村一共不到十眼井，加上这一年雨水少、天干旱，眼看着再旱下去收成就保不住了，村里人都急红了眼，见到王中伟就说井的事。

王中伟和村干部商量，准备再多打二十眼井，争取全村每30亩地就能有一眼井，让村民浇地不用发愁。这几天，他就是为了打井的事四处奔波。

中原大地一到夏天，中午的太阳就把地上烤得跟蒸笼似的。在将近40摄氏度的高温下，王中伟和赵二红两个人，一个“80后”和一个“50后”，一老一少顶着烈日在无人的田间地头走走停停，讨论、寻找着最合适、最合理的打井位置，身上的衣服早都湿透了。等位置选定得差不多了，王中伟跟老支书说了声：回家歇会儿吧。然后他自己转头就往乡里去，联系打井队。

王中伟是个“薄脸皮”，过去求人办事总是不好意思张嘴，自己的事再难也不想求人帮忙。但自从来到付楼村，为了给村里的老乡解决实际困难，王中伟脸皮越来越厚，常常是堵着别人求帮忙——

为了村里扶贫项目的贷款，他三天两头去乡里问：俺们村那几项贷款啥时候能批下来，给快点呗，俺们急啊！

为了解决村里用电问题，他堵在县供电局分管领导的办公室“哭诉”：空调不敢开，风扇不敢用，机器不敢同时转，俺们难死了！

难得有空的时候，王中伟会到村边的大坝上转转。看着黄河落日，瞅着齐刷刷的泡桐，听着不绝于耳的蝉鸣与蛙叫，静静地坐上一会儿，然后再到村东口的小餐馆来碗面条、加瓶汽水，这是王中伟最幸福的休闲时光。

从小听着焦裕禄的故事长大，此刻王中伟终于来到了兰考，来到了焦书记战斗过的地方，但是王中伟迟迟没有去拜谒“焦陵”。

他的原因很简单：“兰考的老百姓感情最深的就是焦书记，焦书记是干出来的，我感觉现在还没干出来点啥，等我真正干点名堂出来了，我再去看看焦书记，也算是对焦书记有个交代、对兰考有个交代。”

如今，王中伟已经离开了付楼村，但他和村民们的联系从来没有断过，村里人有困难的时候经常会给他打个电话，听听他的意见。“我不敢说我一辈子不离开付楼的大话，但是我跟群众保证了，五年之内有需要我帮忙的事，我随叫随到。”王中伟说，还是不是“王书记”不重要，我更愿意听村民们叫我一声“中伟”。

3 “敲锣打鼓能顶饭吃，还是能顶钱花？”

2016年的最后一天，早上8点不到，兰考县曹庄村村民们早早都吃完了饭，聚到了村里的文化广场。

此时的曹庄村文化广场热闹得像个小集市，有调试音响的，有清扫舞台的，还有练习太极拳和广场舞的……驻村第一书记葛占伟牵头自编自演的“村晚”马上就要在这里上演了。

这次联欢演出出奇的热闹，在家的200多个村民基本都来了，一位上了年纪的老奶奶在腿上搭了个被子，硬是看完了全部演出。看演出的时候，每个人脸上都满是喜悦的笑容——这可是曹庄人盼了几十年的大好事、大喜事：曹庄脱贫了！

这喜事究竟有多高兴？村民曹赛元特意编了个顺口溜，道出了曹庄村的“前世今生”——以前曹庄是坑坑洼洼路不平，雨后泥泞黏死人，晚上漆黑没有灯，家家户户关上门；自从来了工作队，领导群众搞脱贫，藕满棚，猪满圈，还有鸡鸭和牛羊，路灯明又亮，道路有广场；广场舞，跳得欢，腰鼓队，搞宣传，大刀队，太极拳，文化活动闹翻天！

曹庄村村委会主任李磊也很是感慨：我们村已经很多年没有这么热闹了，以往的元旦村里都是静悄悄的，别说连着两天有演出了，那会儿村里都见不着几个人，要不是葛书记过来，估计还是以前那个老样子。

曹庄村的老样子确实不太好，不仅是兰考县115个贫困村之一，也是基层党建软弱涣散村。也正是因为这些问题，来自河南省公路局的干部葛占伟被安排到这里担任第一书记，从此“葛书记”就成了曹庄人。

2015年8月28日，在省城郑州生活了多年的葛占伟来到曹庄村。

第一次看到村里的景象时，即便来之前已经做了无数次心理准备，他还是心头一震：

村委房屋破旧，道路泥泞不堪，晚上伸手不见五指，走街串巷时，听得到声音，看不见人脸，一抽烟才知道人在那儿蹲着。晴天一身土，雨天一身泥，泥泞的地能把鞋子粘掉，下雪天更是得扶着墙根走……

在入户走访中，葛占伟还听说一件让他更难受的事：村里路太破，出行是个老大难。村里养猪、养鸭户养起来容易，卖出去难。前一年冬天村里下起了雪，村里的一个养鸭户走到村北地时，车翻了，一下子死了好几百只鸭！

几百只鸭子，那得多少钱啊！葛占伟听得心里疼得一抽抽，他下定决心：脱贫攻坚，交通先行。一定要把路建好，让车开进来，让村民辛辛苦苦养出来的鸭子卖出去！

说干就干。葛占伟找到“东家”求助。在河南省交通厅的推动下，一个个惠民项目在曹庄村落了地：河南省交通厅协调推进资金133万元修建“户户通”项目13500平方米；协调资金78万元修建村内排水设施3000米。此外，省交通厅还协调修建了2.6公里的农村公路、对村内街道进行亮化、安装路灯92盏，村里还装上了监控摄像头。

路修好了，可把村民乐坏了。第一次把车开到自己家门口，村里人都“美得不能行”。一个老大娘笑着说，十几年来村里走亲戚，车从没开到家门口过，自己都觉得丢人。现在出门就是一条大马路，汽车开到大门口，哪个亲戚来了都夸我们村好。

路修通了，葛占伟又琢磨起盖房子的事情。村部是基层的堡垒，可村部房子烂了，人更不来，那堡垒怎么可能坚固?

葛占伟和村“两委”班子开会研究，下定决心重新修整村部。一番修整后，村部被改造得宽敞明亮，村民们没事就来转转，村干部也有地方办公了。

与此同时，村里的其他基础设施也开始大变样：村卫生室修成了，过去用布和橡胶板隔的临时卫生室，变成了装着空调、干净整洁的医疗室；村里还建起了文化广场，跳舞的、聊天的、唱歌的，每天晚上这里都灯火通明，成了“曹庄不夜城”。

路修好了，灯亮起来了，广场有了，村里人跳起来、唱起来、笑起来，整个精气神都改变了。说起曹庄大变样之后的小日子，连村里的“老哑巴”都伸出了大拇指。

葛占伟深知，做好村里的基础设施建设只是个开始。怎么把脱贫工作搞上去，葛占伟有个自己的想法：心动才能行动，思想上不去，行动肯定跟不上。要带领大家致富，就要把群众致富的精气神搞起来。

文化广场建成后，葛占伟白天忙工作，晚上就开始琢磨着带村民们打太极拳。葛占伟跟村民们宣传，打太极锻炼身体，还能提精神。这可让不少人笑得直不起腰：我们就是老农民，谁玩得了这东西？

可葛占伟没放弃，每天再忙也抽空带着大家到文化广场打太极。一开始大家都围着他看，弄得葛占伟怪不好意思的，可慢慢地，开始有几个人跟在他后面比画两下，再后来曹庄村竟成立了太极拳队！

两个多月后，葛占伟带着曹庄太极拳队参加了郑州郑东新区太极拳大赛，还荣获了“集体优秀奖”。听着不少人夸奖说“现在的农民真时尚，种着庄稼，打着太极拳，还打得这么好”的时候，在场每一个曹庄人都骄傲得不行。

转眼间，葛占伟来到曹庄村已有一年，曹庄村也越变越热闹。太极拳、大刀队、广场舞、红歌会……逢年过节，村民总是自发组织办台晚会，自编自演的节目一个连着一个。

这种精气神感染着每一位村民，就连平时聊天都有点不好意思、放不开的村民栗素枝，都想在晚会上表演个节目。

过去，栗素枝除了干农活，就是做家务，见人点个头就算打招呼了。葛占伟来了之后，村里的活动越来越热闹，她的生活也跟着热闹了起来。晚上吃了饭，她就赶紧收拾好碗筷，跑去广场打太极、跳舞、打腰鼓。自从村里给腰鼓队买了统一的服装，栗素枝更美了。“葛书记一来，我们都成老小孩了，越活越年轻了！”

看着村里热热闹闹、村民们乐乐呵呵，葛占伟长长地舒口气：“没辜负老乡们叫我一声葛书记。”

可这口气还没舒一半，葛占伟听到了一些闲言碎语，让他心里又堵上了疙瘩——

“光修路、盖房子，净干表面功夫，算啥好干部！”

“敲锣打鼓能顶饭吃，还是能顶钱花？打个太极就能脱贫啦？”

葛占伟心里委屈，但是不知道怎么说。“要说我能力不够、干得不好，我虚心接受再好好干，可说我耍心眼、光干表面功夫，我心里真是不得劲儿。”

葛占伟憋屈了好几天，可有一天碰上了村民部明长，突然一下都想明白了。

45岁的村民部明长，过去经常在外地打工，有时候过年都回不来，也赚不了多少钱。可最近两年，他在离家不远的工地上找到了活，喷浆、打钻，一个人一年就能挣上五六万元，2015年他成功脱了贫。

葛占伟想明白了：不怪有人误会我，光靠修路、盖房、打太极确实不能给群众带来真金白银的收入，什么是镀金的“面子”，什么是惠民的“里子”，老百姓心里有杆秤，不用我解释。所以，光是精气神提起来了还不行，还要带领贫困户脱了贫，这才能真正让村民服气。

葛占伟随即联系有技术、有经验的村民，组织了曹庄创业建筑队，又去郑州、兰考县城四处奔波，帮建筑队联系工程项目。渐渐地，建筑队的工作走上正轨，一年时间里，曹庄就有上百人加入了建筑队，其中贫困户占了一半。

村民王庆安体会到了建筑队这种“正规军”的力量：以前出去打工都是盖盖民房，有活干几天，没活就干等着；现在村里有了建筑队，我们成了“正规军”，干的都是大工程，收入也越来越多，一年赚个五六万元都不是问题。

过去的曹庄村一直没有集体经济，村里基础差、底子薄，没什么可利用的资源，葛占伟愁得绕着村子一圈一圈地转。一天，葛占伟在一个不起眼的村角落发现一个废坑，一下子仿佛抓到了宝——他把废坑平整后组织人们改造为池塘，争取了10万元的资金成立了莲藕合作社。

在葛占伟的牵头下，曹庄村引进了南斯拉夫雪莲藕，废坑塘变成了5亩地的莲藕池。葛占伟还对莲藕池周围路面进行硬化、绿化、亮化，修筑凉亭、人行步道和座椅，这里慢慢就变成了村里群众休闲、散步、娱乐的场所。

等莲藕长成的时候，葛占伟自己也没有想到，第一年莲藕就长得这么好，最长的一根莲藕竖起来比葛占伟还高，有13斤重，每个贫困户年底分了6000元钱的分红。

莲藕种植的成功鼓舞了村民们，也启发了葛占伟。他先后带领村民们成立了养鹅合作社、5个养鸭大棚。养鹅合作社带动了30个村民务工，6000只鹅每天产蛋近千个，一个鹅蛋能卖四五元钱。

建筑、养殖、种植……越干脑袋越活泛，葛占伟的思路也打开了。一年多的时间，在曹庄村建档立卡贫困户共85户364人中，有劳动能力的贫困户全部实现了脱贫，没有劳动能力的贫困户，也通过政策兜底、入股合作社等形式，实现了脱贫。

如今，富裕起来的曹庄更热闹了，文化广场已经成了曹庄的一个招牌：小孩子溜着旱冰，妇女们敲着腰鼓，有人搀扶着老人，有人推着婴儿车，一阵阵灿烂的笑声、一曲曲激昂的音乐，从广场飘向天空……

葛占伟一直有一个想法，老百姓的日子越过越好，要让大家知道好日子是从哪里来的，不能忘了党和国家的帮助与关怀。

2016年6月22日一早，在葛占伟的组织下，曹庄村第一次在文化广场升起五星红旗。那天，村里的小学生很积极，天没亮就起来。看着学生们背着新书包、唱着国歌，整整齐齐地站在广场上望着国旗升起，葛占伟热泪盈眶。

放眼望去，如今的兰考再也不是那漫天黄沙、遍地盐渍的苦穷之地。听着焦裕禄的故事、伴着泡桐一起长大的兰考新一代，正在用自己的努力一点点改变着兰考的面貌，也改写着自己的命运。

第四章

“劳燕分飞”的扶贫“夫妻档”

“干部不领，水牛掉井。”然而，当一位驻村女干部面临照顾一家老小与帮助贫困村脱贫的分岔路时，她必须做出一个抉择。

1 抉择

2015年1月14日上午11点，兰考县谷营乡黄河滩区气温只有0摄氏度左右，河南森源新能源发电有限公司建设工地上却是热火朝天，又一批光伏发电设备安装完毕。至此，该公司首期占地7400亩、投资19.77亿元的农光互补光伏电站项目工程初战告捷。

农光互补发电工程项目是2014年落户兰考的重大项目之一。仅当年的农业产业化项目，就有投资10亿元的晋开集团“农牧奶”一体化产业项目、投资10亿元的天地牧业肉鸭产业化项目……项目的渐次展开，预示着兰考蓬勃向前的发展活力。

面对习近平总书记的嘱托和全县人民的期盼，2014年，第二批党的群众路线教育实践活动中，兰考县委、县政府郑重许下了“三年脱贫，七年小康”的承诺。

目标已经确定，战役迅疾打响。2015年1月26日，县里召开会议，确立了一名科级干部带队、两名后备干部参与的扶贫工作队机制，并要求所有扶贫工作队最晚在28日到各个贫困村报到。

时年36岁的兰考县委党史研究室干部张素英就是被选中的工作队中的一员。她平时知性干练，在工作中说话做事干净利落。而在此时，她却面临着从未有过的抉择。

此时的张素英被选派到小宋乡罗寨村任驻村工作队队长。与此同时，她的爱人王高中也被同时要求赴考城镇刘土山村任驻村干部。

一个最大的问题摆在眼前：他们9岁的女儿没有人照顾，如果他们同时被派驻到村里，孩子怎么办？

这天，张素英心里反复思考着这个问题。在此之前，她从来没有驻村的经历，可这次恐怕一干就是两三年，一个村子脱贫攻坚的重担压在她瘦弱的肩头，她真不确信自己能不能挑得起来。况且丢下孩子不管，她也实在不放心。

于是，张素英找到了领导，坦陈了自己的想法。领导对她说：下乡锻炼是好事！与其说这是你要面对的困难，不如说这是一个锻炼能力的机会。你是单位的后备干部，需要有这样的历练，放心去吧，单位支持你！

就这样，带着些许忐忑的心情，张素英把孩子放在婆婆家，踏上了驻村的征程。

一晃到了2015年夏天的时候，9岁的女儿正在奶奶家过暑假。

这天，张素英正在罗寨村忙活，突然接到了孩子奶奶的电话：女儿在外跑着玩的时候，一不留神摔倒在地上，把头给磕破了！

张素英一听，急得掉了泪。回到家看到磕破了头的女儿和一直抹眼泪的老人，她愧疚不安：自己再苦再累不要紧，总不能这么苦了孩子啊！打退堂鼓的念头一下子就转到了她的脑海里。可她随即转念一想，这时候村里马上要准备进行“精准识别回头看”，自己总不能在这个紧要关头甩手不干掉链子啊。

思来想去，张素英只好在工作群里跟领导请了个假。没想到群里一下子就热闹起来，大家纷纷关心孩子怎么样了。有领导推荐好的大夫给孩子缝针，把联系方式发给了张素英，还有领导在群里鼓励大家向张素英和她爱人学习。

大家的关心和鼓励让张素英重新振作了起来。张素英两口子决定，要把驻村扶贫的事儿干出个样儿来，不脱贫，绝不撤退。

就这样，张素英和王高中夫妻俩，为了这共同的事业“劳燕分飞”，奔赴各自驻点的贫困村，扑下身子干了起来。

2　头三脚难踢

驻村工作比想象中要艰难很多。驻过村的干部都清楚，要想真正弄清楚这个村适合走什么路、发展什么产业，就必须得扑下身子加油干。渐渐地，五天四夜变成了没日没夜，“不脱贫、不脱钩”变成了“脱贫也不脱钩”。

村看村，户看户，群众看干部。在兰考的每个贫困村，驻村工作队既是脱贫路上不可或缺的领头雁，也成为群众观察兰考干部作风和思想观念转变的一面镜子。

来到罗寨村的扶贫工作队队员，恰好是三名女同志，一名是县统计局的小姑娘杜琳琳，一名是来自小宋乡里的赵四霞，比张素英大3岁。

三名女将刚到了罗寨村，就被村里人从上到下打量着。张素英被村民们打量的眼神弄得有些心虚。说实话，这个时候要让她明明白白想出一个带领全村老百姓脱贫致富的计划，她还真想不出来。

村里人虽然文化水平不太高，看事情却挺通透："咦，又来镀金的吧，三个女娃子能干成啥事！"

近些年来，村里的人们迎来又送走了一拨拨的驻村干部。在他们的印象里，这些人是下来锻炼的，是来"镀金"的，干不成什么事儿，也根本没打算干成什么事儿。所以在她们刚驻村时，村民们的态度并不算友好。

张素英从老百姓眼里把这些意味读了出来。她知道，你必须在村里做成几件事，老百姓才能认可你。

当时，罗寨村的基础条件比较差，不用说村里没有一个像样的活动广场，就连最基本的路灯都没有。到了晚上，村里乌漆墨黑的，出个门都不方便。

张素英跟两名女将一合计：安路灯！资金从哪里来？她和杜琳琳跟领导把情况汇报后，两个单位出资1万多元钱给村里装了20盏

LED路灯，点亮了罗寨村的夜。

接着，张素英从县教体局申领了一批体育器材，把村里的文化广场和村部进行了简单的整修，还邀请县中医院的专家为村民义诊，帮助村民解决一拖再拖的老毛病。

光添置硬件还不行。工作队还跟上级申请绿化树苗，等适宜栽种的时候，就对村里实施绿化。

这些基础工作做完以后，转眼就赶上了"六一"儿童节。三名女将哪里有不喜欢孩子的，她们一合计，就捐了1000多元钱，给罗寨村教学点里几个年级的孩子买了书包和文具，当作"六一"儿童节的礼物。

农村的孩子很朴实。张素英把书包和文具发给孩子们，故意逗他们说："我给你们发书包，你们高兴吗？"

孩子们拖长了声音说："高——兴——！"

张素英又问："那怎么不见你们笑呢！"

孩子们一听，这才哈哈哈地笑出了声。孩子们的朗朗笑声，融化了村民们有些隔阂的心，也拉近了驻村干部和村民们的距离。

头三脚难踢。但张素英知道，做好这些事情，只是拉开了罗寨村脱贫攻坚的序幕。

扶贫工作越往前推进，张素英觉得需要解决的事情越多。补齐基础设施建设的短板后，接着就是2015年10月的"精准识别回头看”。

建档立卡之后，其实并非纳入其中的所有贫困户都符合条件，很多人对建档立卡户的概念理解也有偏差。根据县里贫困村的实际情况，兰考县在此时开展了“精准识别回头看”工作。

精准识别的首要工作，就是大量的入户调查、了解情况。

这段时间，张素英马不停蹄。她几乎每天都要和分包小组的村干部一起入户了解每个贫困户的情况，然后晚上聚在一起沟通交流。

经过梳理摸排以后，村里决定清退7户、新增5户。这7户里，有的是在县城买了房，有的是家里有小汽车的，还有的是公职人员。对于新增的5户，他们也是一户一户去核查，最终大家一致推荐把这5户纳进来。

其中，有一户典型的贫困户，让张素英印象特别深刻。

张素英第一次来到这家的时候，她没想到竟然在自己扶贫的这个村子里，还有这样贫困的家庭存在。

家里的老人属羊，叫罗守新，时年72岁。邻村有个35岁的女子，有智力缺陷，又有皮肤病，父母惯常把她锁在屋子里。大家看罗守新一直没找着对象，就有人牵线问他同不同意，同意的话就把这邻村的“傻女人”娶来，给他搭个伴。

就这样，罗守新把这个“傻女人”娶了过来。过了几年，这个傻媳妇怀上了孩子，可自己却不自知，以为只是吃胖了肚子。结果有天半夜，他媳妇肚子疼得厉害，送到医院时孩子已经快生了……

张素英看到的，就是蜗居在两间瓦房里的这样一个三口之家。

当时，罗守新家里没有电、没有水，吃的水只能去别人家提。照亮黑黢黢的整个房间的，就是小小的一盏煤油灯。

进门仔细一瞧，老罗家两间屋里乱七八糟地堆着杂物。剩下的一张大床、一张小床、一口大缸和一些炊具，几乎就是这个家的全部家当。如果说还有什么能算进去的，就是院子里有一口用砖头垒的地锅。

罗守新过的是实打实的赤贫生活。他没事时就领着孩子出去拉坠弦、唱“坠子”要饭。除此之外，只有老人一个月80元钱的养老保险、傻媳妇及孩子的一份低保和两亩流转出去的土地勉强维持一家人的生活。

这样令人震惊的场景刺痛了张素英，两行眼泪止不住地流了下来。她知道，像这种条件极差的家庭，肯定是全村脱贫的“硬骨头”，但她已经下定决心，无论如何都要帮这家人把生活弄得像样一些。

刚想到此处，罗守新看又有村干部来了，就作势要赶他们出门。村干部告诉张素英，老人性格古怪得很，素日里不与人交往，和亲戚关系也不好。

张素英没有犹豫，说干就干。她一边跟老人家解释清楚情况，一边请村里给他家改造房子，装了水管、通了电，装上有线电视，还买了家具、家电和炊具。院子里用玉米秆搭的茅房不符合要求，村里就在两间瓦房旁边搭了厨房、垒了厕所，还种了青菜和柿子树。

看着家里逐渐方便起来的生活，罗守新也就慢慢地卸下了心防。张素英看老人家床上脏兮兮的不像话，就给他们铺上干净的床褥，还督促一家人注意卫生、勤换被褥。被纳入“兜底户”后，张素英协调给一家三口落实低保和临时救助政策，还给他们家补了2000元钱的到户增收资金入股到合作社，一年可以分到500元钱。

老罗家里的小儿子最让张素英心疼。这孩子叫罗宋凉，长得很精神，但就是见了生人害怕。第一次跟这个孩子见面时，他还不会说话，语言发育稍微有些迟缓，只会叫妈妈，估计是没怎么跟人接触过的缘故。

从第一次去老罗家以后，张素英就成了他家的常客。每次去，她都主动跟孩子交流，帮他洗脸、换衣服、剪指甲。有时候还会揣两块糖，带一点小零食。后来，乡里领导知道了这家人的情况，到了2017年的时候，帮助孩子减免了学杂费，罗宋凉免费上了幼儿园。

随着生活的基本问题逐一解决，罗守新的生活渐渐有了光彩。在“五净一规范”专项行动中，罗守新家里收拾得干干净净，成了贫困户中的榜样。罗宋凉一见到张素英她们三名扶贫干部就高兴地喊“姑姑”，傻媳妇也会高兴得手舞足蹈，用自己的方式表达对工作队的欢迎和感谢。

在帮扶村里开展建设、入户解决实际问题的同时，驻村工作队通过多次召开全体党员会、村“两委”会及贫困户代表大会，共同商议罗寨村扶贫工作。

当了解到该村产业单一、经济发展后劲不足和农民增收渠道狭窄的现实问题后，三名女将积极和河南省农科院专家联系，精准把脉罗寨村种植业现状，并给该村开出了良方——延长产业链。

她们结合村情，多方奔走协调，引导村民成立了“蓝梦园种养专业合作社”，带领全村50多个贫困户开展种植养殖项目。

她们联系开展的种植养殖项目，采用的是循环经济模式：项目地点设在林场，空气质量好，大面积树林适合牛羊放牧，放牧牛羊比圈养的肉质鲜美、体格健壮、抗病能力强，还可减少疾病用药。同时，种植的牧草、桑叶等直接饲养牛羊，达到有机养殖的目的；牛羊粪便经过发酵后作为农作物底肥，可减少化肥投入，改善土壤性质，既提高了瓜果蔬菜的品质，又实现了种养模式的良性循环。

随着村里的产业渐渐发展起来，当初刚来罗寨村时的忐忑，也变成了此刻的信心与小小的成就感。在驻村“三朵金花”的带领下，罗寨村扶贫的思路越来越清晰，脚下的路也越走越稳当。

3 在老公生病的日子里

张素英的成绩，渐渐得到村里人的肯定，也得到了领导的认可。2016年5月，张素英被评选为县里第一批“驻村扶贫工作标兵”。

这时，有人揶揄起了张素英的爱人王高中：看你媳妇驻村驻得多有成绩。王高中听了有些在意，回去跟张素英念叨，张素英安慰他说，我们是战友夫妻，你在第二批评选的时候也争取上！

结果，就在王高中给刘土山村的贫困户加班整理档案的时候，突然得了肺炎、高烧不止，只好每天从村里跑到县城医院输液。

也在这个时候，第二批“驻村扶贫工作标兵”就要开始评选了，这次的评选验收比第一批时更严格，县里专门组织了专业的验收队伍。此次入围的王高中虽然也在驻村工作中取得了不错的成绩，但他为了不让人觉得自己在这个节骨眼上掉链子，只能医院和村里两头跑。有时候他输液输得晚，输完液第二天凌晨就返回村里。

在王高中输液的11天里，张素英只去看过他一次。就连在医院照顾王高中的同学也有些看不下去：“怎么生病了你老婆也不来管你？她那个村到底有多重要，离了她不行吗？”其实王高中知道，“扶贫”这两个字，时时刻刻放在所有扶贫干部的心头上。

白天在村里忙了一天，两人顾不上打电话，晚上忙完了，张素英就和王高中视频聊天，问问病情。谁知两人还没聊几句，就又把话题扯到了扶贫上。张素英自己调侃说，她们两口子干扶贫走火入魔了！

在驻村的这些日子里，两口子也会吵架。张素英说，工作太多，压力又大，吵架是一种调剂。但两人更多的是支持和安慰，互帮互助、互学互促。2016年9月，王高中被顺利评为第二批“驻村扶贫工作标兵”。两人的扶贫工作都得到了肯定，干劲更足了。

其实，夫妻俩不用说都懂，日复一日的扶贫工作确实辛苦。每天早上一睁眼，“扶贫”两个字就出现在张素英的眼前，一天的扶贫任务等着她去完成：入户查看“五净一规范”情况，留存记录家里摆设、卫生情况等数据，整理归档，讨论贫困户增收问题……有的贫困户常年在外打工，张素英听说有谁哪天回了村，就是顾不上洗脸也得跑过去入户走访。

从一个村到一个县，想要真正实现脱贫摘帽，就要经过从国家到省市的各级核查。其中，光是“六个精准”的档案就需要家家有本账、户户建档案，每家每户的材料都要非常详细，这也对驻村干部提出了很高的要求。如果不是一次次地入户走访、请本人认可核实材料信息，材料就不能算合格。

这还不算是张素英最发愁的。按照县里的规定，县里的12项扶贫政策要让贫困户知晓，每个贫困户要知道自己享受的是什么政策，不然在脱贫验收的时候，如果贫困户算不明白自己的收入账、不知道驻村工作队队员的基本情况，脱贫验收可能就通不过。

这可让很多驻村干部犯了难。很多老乡都习惯用“张队长”“小杜”“闺女”来称呼驻村干部，即使很熟的人或许也记不清楚驻村干部的完整名字。罗寨村的三名女将只好不厌其烦地把自己的名字念叨给贫困户。

在贫困户当中，有一位80多岁的老人叫罗守礼。在驻村干部帮扶过程中，他觉得政府给他们家帮助了太多，自己却无以为报，始终觉得过意不去，这回听说终于有一个任务安排给自己，于是他特别积极地把这12项扶贫政策一条一条地记下来——他想要通过这件事来报答政府和工作队对自己家的帮助。

通过不断地入户聊天，大家一起“喷一会儿”，村里原来有些爱捣乱起哄说风凉话的，渐渐也都对驻村工作队有了改观。他们都觉得，这三个女同志一天到晚在村里蹲着，舍小家顾大家很不容易，尤其是杜琳琳，怀孕之后大着肚子还在村里跑前跑后。村里人看在眼里，记在心头，驻村的工作也就越干越顺当了。

令张素英感到高兴的是，在第二批“驻村扶贫工作标兵”评选过程中，杜琳琳也被评上了标兵。驻在罗寨村的这“三朵金花”伴随着罗寨村脱贫攻坚的进程一路前行，成为村里百姓的知心人，也成为罗寨村脱贫的见证者。

4 “你还没干够？”

回想起在罗寨村的扶贫经历，张素英说得最多的话，就是感动。两年时间，驻村工作队扑下身子干的精神，感动着村里的贫困户，而村民们对工作队的认可和关心，也让驻村工作队觉得，驻村这工作干得值。

罗寨村里有一位90多岁的五保户老人，因为张素英时不时去她家里看望、陪她聊天，老奶奶渐渐地就把她当作自己的闺女一般，张素英几天不去她家就开始念叨她，非得让她儿子拉着满村子找张素英，找到后还拉着张素英的手问：“闺女，这几天干啥呢？好几天没见你了！”有时候，老人家里有好吃的舍不得吃，见张素英来了就往她手里塞，嘴里说着：“闺女你都累瘦了，腿都跑细了……”

两年时间过去，到了罗寨村脱贫摘帽撤队的时候，也是驻村工作队该跟乡亲们道别的时候了。

回想着这两年的点点滴滴，张素英想说很多话，想跟村民们好好告个别，可话还没说几句，平时能说会道的张素英自己先哭得稀里哗啦。

最后，为了不把氛围搞得过于悲戚，这个告别会只能被取消了。

告别不代表不会再见。“我从来没觉得自己离开了罗寨，不管到哪里，我都是罗寨的一员。”到县委巡察组工作后，每次路过小宋乡，张素英都会拐到罗寨看一看，那里的乡亲们也总会以最亲的笑脸欢迎他们的闺女回家。

两年时间过去，张素英收获的不仅是罗寨村脱贫摘帽的成果，更是对这个村子两年间变化的感同身受。

工作队刚入驻罗寨村的时候，张素英发现该村村干部都是老同志，文化水平不高，思想较为保守。针对这一情况，工作队天天找村干部聊家常、聊村子建设。为得到村民认可，她们又走家串户与村民面对面交谈。通过走访沟通，工作队归纳出村民热切期盼的10件实事，并积极协调相关部门，第一时间抓紧落实。

两年时间过去，三名工作队队员一步不停地做着一件又一件实事，她们的干劲充分调动起了村干部干事的积极性，也感动了村里的村民。

“在离开的时候，罗寨村和去的时候明显不一样了。”张素英说，现在邻里之间建立起很深的感情，夫妻不和、婆媳不和等问题，通过村规、新风的树立，以及好媳妇、好婆婆和美丽庭院的评比，得到很大转变。

村支部书记罗麦贵也很有感触：“三位女同志来到俺村，吃苦受累，不但帮村里争取资金、项目，真真正正地办实事，而且还经常给我们这帮老干部们开会上课。干部作风改变了，我们村现在一天一个样，她们可是我们村的大功臣！”

两年时间过去，张素英觉得自己的工作能力也得到了很大提升，养成了遇事沉着冷静、第一时间想办法找思路的作风。“光坐办公室，跟基层一线锻炼出来的是不一样的。”

“我现在分享感悟的时候，就常常说，要把驻村工作干好，就要用心、用情、用力，不是能力多大、学历多高就能把事情做好，要看你的态度问题，比如说，不能为了入户而入户，不能站在自己的立场上跟贫困户交谈，要想着怎么说贫困户才会听，怎么做他们才会认可你。”

张素英说，想要干好这扶贫的工作，说难也难，说简单也简单。“只要带着感情真正走到群众中去，老百姓就会把你当自己人，就没有做不成的事儿！”

两年后的2017年4月，脱贫摘帽的兰考县开启了新的征程——“支部连支部、加快奔小康”活动正式启动。

全县组织454个机关党支部和454个村党支部结对共建，选派1061名机关企事业单位党员干部，组成454个稳定脱贫奔小康工作队奔赴一线，开展驻村帮扶。

张素英得到消息后，马上又找杜琳琳商量：“我总感觉这个事儿没有做完。县里不是说‘三年脱贫，七年小康’吗，我想把这后半段工作在罗寨村接着做完。”

杜琳琳一听不禁吓了一跳：“队长，你咋还这么大劲儿呢！你还没干够？”两人随即笑作一团，脑海里全是那些在罗寨村的日日夜夜里无法被替代的时光。

张素英甚至还找到了领导：“领导，我想回罗寨村，继续帮扶罗寨村的村民奔小康！”最后，因为提拔、调动工作，领导不让她搞这个“特殊”，就把张素英派到谷营镇齐场村任稳定脱贫奔小康工作队队长。

5 “我长大了也要做一个跟爸爸妈妈一样的人！”

打开微信，留存在张素英手机里的，是兰考电视台录的一段1分多钟的公益宣传短片。在2016年的“六一”儿童节，几名扶贫工作队队员的孩子面对镜头，对在贫困村里日复一日帮扶的爸爸妈妈们说出自己的心里话。

“他们星期六星期天也不陪我玩！”

“我妈妈两年都没有陪我过生日了！”

“我爸爸五天四夜都要在农村工作！”

……

视频最后，孩子们在抱怨之后，发自内心地道出了对爸爸妈妈的理解：“兰考县现在这么美丽，就是因为有像我爸爸妈妈这样的人在一线工作。”“我为我爸爸妈妈而骄傲。”

视频里第一个出镜的就是张素英的女儿。她说：“我一开始很不理解爸爸妈妈，但是在节假日的时候，我妈妈领着我去她工作的地方看了，我看到了许多穷人家的孩子，爸爸妈妈是为了让他们过上幸福生活，所以我支持他们！”

当看到女儿握紧拳头说出最后一句“爸爸妈妈加油”时，张素英的眼睛已经泛红。

2015年1月28日，张素英清楚地记得从兰考县委党史研究室到罗寨村任驻村扶贫工作队队长的日子。

那天，9岁的大女儿躲在奶奶家的屋里，没有出来送她。

与此同时，她的爱人王高中也从兰考县教体局到考城镇刘土山村驻村扶贫。

爸妈都去驻村，女儿很不理解：“难道素不相识的村里人比自己还重要？”

张素英不知道该怎么和女儿解释，她在女儿房门前伫立良久，最终，还是默默离开了。

在张素英女儿的记忆里，妈妈给她讲得最多的，就是罗寨村脱贫的那些故事，其中有泪水、有艰辛，但更有感动、有收获。

来到罗寨村，驻村工作队就在村里扎下了根。张素英建了一个微信群，叫“三个女人一台戏”。

渐渐地，一件件实事暖热了村民的心，越来越多的村民主动找她们商量挣钱的门道，三个女人的这个“戏台”给罗寨村的村民们增添了更多脱贫奔小康的信心与力量。

2015年一个严寒的大雪天，正好赶上张素英领着村民们买羊，准备通过养殖让村民增收。

罗寨村有养殖的传统，但因为方法落后，效益不好。张素英帮忙联系了一家养殖湖羊的牧业公司，这家公司不仅为村民养殖提供全套技术服务，还负责收购。

和村干部、村民代表商量后，大家都觉得不错，张素英又组织贫困户到公司参观，一下子点燃了大家的养羊热情。

到了买羊那天，雪下得特别大，张素英本来想换个时间再去买羊，可大家早早就过来了。

“您这么大岁数了，要不就别去了，咱们改天。天气不好，万一摔着了呢！”张素英对70多岁的贫困户王孟曾说。

王孟曾他们却很坚持：“要去，要去！你们天天给俺操心呢，俺们农村人不矫情，我们有三轮车，不怕摔！”

那天，村里20多户贫困户和张素英一起，骑着三轮车，顶着鹅毛大雪，轰轰烈烈地把羊买了回来。

这一趟，每家基本上都买了5只羊，给羊拍照存档后，村民们竖起大拇指，直说：“这羊，高级！”

回村路上，100多只羊羔咩咩的叫声，交织着村民们的欢笑声，久久回荡在张素英脑海中。

雪花飘落眼角，融化成水，顺着脸庞流下，竟有了一丝淡淡的温暖。

2017年春节前夕，习近平总书记到河北省张北县小二台镇德胜村考察时说：“**派扶贫工作队、第一书记，这些举措都有了，关键是要夯实，发挥实效。第一书记要真扶贫，扑下身子在这里干。**”

在吹响脱贫攻坚号角的兰考大地上，正是众多像张素英一样的兰考驻村干部，践行总书记的要求，铺就了兰考脱贫之路。

“蹲下去才能看到蚂蚁，深入下去才能了解问题。”2016年底，孟寨乡憨庙村驻村工作队队长翟世栋正冒雪挨家挨户走访，查看贫困户生活情况。

他全然不知，在这场大雪中，自己的母亲在出去买馍的路上，不慎把手腕摔骨折。妻子在电话里瞒着他说家里没事，直到周末回家，他才知道母亲住院了。

赶到医院，母亲第一句话就说：“你看我这个人没‘才料’，给你们找事了！”翟世栋眼泪哗地就下来了。

仪封乡耿庄村扶贫工作队队员赵大鹏6岁的儿子有一次好不容易见到他之后，一本正经地问他：“你掰掰指头算算，你这一年接过我有10回没有？”

赵大鹏一算，连5回都没有。儿子喜欢看电影，赵大鹏许诺周末带儿子去看，但周末总是有工作，没法陪儿子，儿子便送了他一个外号“鸽子王”。

“努力到无能为力，拼搏到感动自己。”这是脱贫攻坚期间，兰考干部说得最多的一句话。

正是靠着这股拼劲，一批批扶贫干部将青春种在黄色土壤里，让汗水洒在烈日田埂，耕耘父老乡亲的致富梦想，终于彻底改变了兰考人的命运。

第五章

再没走完的这段小路

兰考县闫楼乡王玉堂村原村支部书记曹红彦有一个小名，叫“大雁”。大家都说，大雁是个闲不住的人，不仅乐于助人，还总是自己主动揽活干。

随着兰考全县脱贫摘帽，王玉堂村的好日子就要到来了，只是万万没想到，他们的好支书曹红彦却如大雁南飞了……

1 王玉堂村有个闲不住的热心人

曹红彦是一个闲不住的人。

兰考县闫楼乡王玉堂村原村支部书记曹红彦文化水平并不高。因为家庭的生计，他早早就担起了家庭的重担——16岁时，曹红彦开始跟着别人赶车拉煤跑运输，后来带领村里人干过预制厂、买过收割机，还领着村里20多个人买卖树木为集体创收。他还开过煤场、干过刨切杨皮厂、钢材加工厂……艰苦的生活在他的脸上打上沧桑的烙印，不变的是他心里让乡亲们过上好日子的那股冲劲儿。

当上村支书以后，曹红彦更是把乡亲们的事当成自己的事，再苦再累的活，他都愿意干；但凡有机会，他都愿意试一试。

村民们喜欢叫他的小名"大雁"。大家都说，大雁不仅乐于助人，还总是自己主动揽活干。

在村里，只要有人求他办事，大事小事他都管：捎个人、调解个事、哪怕替人跑个腿，他都乐意去办。

有一次，村里的一户村民想买猪蹄当药引子，找不到买的地方，曹红彦知道后开上车，跑到几十里外的一家屠宰户家里买到了猪蹄，送到了村民的家里。

在村里，乡亲们每件难心的事，他都贴着心认真去办，让村民们满意。

为使特困户能够公平享受到党和政府的扶贫政策，曹红彦每次都坚持到贫困户家里先了解情况，摸清情况底细才决断。在乡里慰问时，他带头入户到老党员和特困户、贫困户家中走访，给他们送去慰问品。

王玉堂村的群众说，大雁是没大没小的人，喜欢给自己揽活的热心人，是个十里八村难找的大好人。

有一次，村里的曹世华家与孟寨谭庄村五保户孔百行家因交通事故起了争执，孔百行家要求曹世华家赔偿7万元。可曹世华已左肾摘除，家中妻子、女儿因病不能自理，加上自己出车祸也花费了不少治疗费用，这样一个贫困家庭根本承受不了这么大的赔偿数额。

后来，经过多次调解，尽管双方都做出了让步也没能达成协议，于是孔百行将曹世华告上了法院，要求曹世华至少赔偿其1.7万元，而曹世华四处筹借只筹到了3000元。

这么大一笔钱，就像是一座大山一样，压在了曹世华身上。在参加村里卫生整治时，曹世华整天愁眉苦脸，感叹不知道年咋过。曹红彦一问，曹世华只得道出实情。他说，这场官司要是真打起来，花钱跑路不说，来回拉锯不知折腾到什么时候，他一家子人又得三四年翻不了身。

曹红彦当即决定，一定要帮曹世华调解这件麻烦事。他随即找来驻村工作队的同志帮忙一起调解，终于在春节前以4000元的协议补偿方式，使双方达成了和解，避免双方因诉讼破财劳神而更加贫困，也让曹世华过了个吉祥年。

可就是这么一个闲不住的热心人，一个这么乐于助人的村支书，在家里人面前，却是秉公无私得很。

在村里，谁家的条件好，谁家的条件差，曹红彦都了如指掌。在贫困户筛选过程中，他始终以不徇私的心态引领大家落实好扶贫政策。在确认贫困户时，他没有让一个自己的亲属当贫困户；每当提出脱贫、清退贫困户人选时，他总是先挑自己亲近的人带头响应。

他当然不是眼睁睁看着自家人在贫困线上挣扎——曹红彦的弟弟曹红相是他当村支书前就在册的贫困户。为了让弟弟早日脱贫，他告诉弟弟：家里的事情他都包了，让弟弟一家趁年轻时外出务工挣钱。

有一次，弟弟中秋节回家时，听说很多贫困户在村里都干上了产业，还有了补贴，立马坐不住了，风风火火找到曹红彦，劈头就问他："2000块呢？我要2000块！"

曹红彦问："要什么钱？"

曹红相说："我也是贫困户，不是说脱贫不脱政策吗？那么多贫困户都补贴了钱，就没有我的份？"

曹红彦跟弟弟耐心解释说："你是算账脱贫的在册贫困户，2014年已经算账脱贫了，有固定的经济收入，值得大家借鉴学习。你还在册，是让你在全村当个带头脱贫的领头人、排头兵，有个榜样劲儿，让大家看看，看看咱们怎么带头脱贫，不是让你当一个两眼一睁、见钱眼开的势利人。”

一番话让弟弟无言以对，打消了要钱的念头。

曹红彦跟人说过，人办事能力有长短，但在处事方面，我绝对凭良心，不干让群众说闲话的事。咱是村支书，咱干事就当头雁，绝不当凤尾。

曹红彦，他是村民们口中的“大雁”，也是领着村民们干事创业的“头雁”。

2 “做好事坑死人！”

在建档立卡时，王玉堂村人口1344人，其中贫困户就有84户330人。

在这个地地道道的穷村里，一条条土路是这个村里贫穷的见证。连游乡卖馒头的商贩都知道王玉堂村路不好，不愿意往村里来。

有一次下雨天，听到乡道上有喊换馒头的，王玉堂村一个老人赶紧趁人家没走远的时候准备追过去买馒头，可正赶上下雨天，坑坑洼洼的路面被雨水一积，更是没个平整样子，老人摔倒两次，才换了两斤馒头。

王玉堂村村北的田地，是村里乡亲们的心病。这里的地是淤泥地，一到下雨天就被水淹得一塌糊涂。到了旱天，水浇到地里连表面一层都打不湿。看天吃饭的村民们除了叹气，也想不出什么更好的办法。

2015年1月，兰考脱贫攻坚进行时，兰考县派出的扶贫工作队队长雷俊杰带着工作队队员孔令卫来到了王玉堂村。

脱贫工作路上，驻村工作队与村干部的相互配合十分重要，既不能让“驻村干部拼命干，村干部靠边站”，也不能让驻村干部被各项指标绑住手脚发挥不出战斗力。

曹红彦对于这一点十分清楚。工作队进村后，他跟工作队队员掏心掏肺地说：“我没多少文化，不会唱高调、吹牛皮。按说我做好自己的生意，照顾好这个家就够了，我动动脑筋挣钱养家还是可以顾得住的。但俺村是个穷村，连条好路都没有，我眼见这些问题心疼啊！”

作为村干部、作为一名党员，曹红彦知道自己在脱贫攻坚进程中要干在前面、拼在前面：“你不挑头干事，干不成事，乡里什么事也不敢交给你，到时候吃亏受穷的还是俺们村里的百姓，这顶贫困的帽子，永远得我们戴着。为了村里群众能享受到扶贫政策、用好政策，在乡里经济困难的情况下，我情愿站在坑里，多撒几把米、多散几分钱、多尽点心，也要在困难的时候完成乡里安排的扶贫工作。”

“刚到村里，我和孔令卫心里都没底，最怕和村干部配合不好，工作开展不起来。听到大雁这句话，我们也吃了定心丸。”雷俊杰说，我们不怕村里底子差、不怕工作难度大，就怕党员干部们心不齐，就怕村里人自己不想拼。碰到这么个好书记，我们心里更有底了。再苦再难，我们也要和大雁一起配合好，干出点成绩。

就这样，在曹红彦和驻村工作队的相互配合之下，王玉堂村脱贫攻坚的总攻号角吹响了。

王玉堂村的基础设施建设较为落后，村庄整治工程建设被列为脱贫攻坚的重中之重。然而，在一些村民看来，村庄规划建设，就是一个“拆”字，很多村民对此很是抗拒。

在了解到村民的想法后，村干部和驻村工作队商定，在村庄整治过程中不仅注重村庄规划建设中“两违”建筑的拆除整治，同时也注重正面宣传引导群众按规划建设家园，引导社会力量和政府力量全面落实特困户危房帮建工作，并以帮扶特困户改造建设危房为契机，用实际行动破除群众对政府“只拆不建、破坏捣乱，只打击不引导”的负面印象。

就在村庄整治工程实施的时候，村里的特困户于令报的困难凸显了出来。

2014年6月，因为邻里间帮扶，于令报在房顶作业时不慎从房上摔了下来，造成颅骨、锁骨、13根肋骨骨折，瘫痪在床。于令报一家，也成了因病返贫的重点扶贫对象。

在这个因病返贫的家里，钱基本都用在了看病上。为了给于令报治病，他们家倾尽了所有的积蓄、借遍了所有亲朋好友的钱。本以为按省里政策，于令报是因为邻里帮工才不慎伤残，可以从新农合报销些医疗费，可因为事故涉及第三方，不符合县里农合报销政策，他和邻居只能死扛。

这场意外不仅令于令报卧病在床，连他三个正在上学的孩子也不得不先后辍学，为于令报治病养家挣钱。

邻里帮扶做好事，却得不到救助治疗，只能躺在床上等死，于令报的情况顿时在全村传了个遍。村民们纷纷议论说，以后这一类的好事，还是少做为好，或者干脆就不做。

还有村民话说得更直白：人再好有什么用？一个劳力倒下了，一个家庭支柱没了，邻里间又承担不了这样的变故和打击，做了点好事，逼急了最后落下个仇家，要是人死了，作难的还是自己和孩子，谁管你嘞？

王玉堂村驻村工作队得知这一情况后，第一时间和曹红彦来到了于令报的家中。

走进于令报的家，一个特困户的真实情况展现在大家面前——泛着霉味的空气、破旧的家具、黑黢黢的墙壁、屋顶上还挂着防漏雨的篷布。

原来，于令报家的瓦房盖的时间长了，下雨的时候往往是外面下大雨、屋里下小雨，只好用篷布把屋顶遮起来，撑一片淋不到的地方睡。屋子原本是打算修缮一下的，可于令报这一病，钱款都花在了给他看病上，一家人便也只能窝在这破瓦房里了。

政策好不好，要看乡亲们是哭还是笑。群众反映强烈的问题能不能有所回应？群众切身的困难能不能得到解决？这一个个问题，就成为推进王玉堂村脱贫攻坚进程的一块试金石。

驻村工作队和曹红彦一致决定，于令报家的危房必须要好好改造，于令报家的问题一定要想方设法解决。

联系施工队后，他们为于令报家的危房改建制订了3套方案。最终，村里决定，还是在原址基础上去掉房顶就势改建，建一幢三间两层的新型钢结构农村新居。

方案确定后，施工资金成了最大的难题。在县里的支持下，保险公司为于令报家里房屋改建捐助20000元现金，还给于令报的女儿联系了一份乡村保险员的工作，在村里负责保险业务。为促成改建项目顺利实施，曹红彦也给建材供应商10000元做担保，使危房改造如期进行。

资金落实后，设计图纸、测量数据、改建工作开始逐步推进。2015年10月13日，在兰考县闫楼乡党委副书记王海杰主持下，于令报家属赵银玲和施工方负责人签订了危房改建协议。

为了保障施工改造顺利进行，村里成立了由王海杰为组长、驻村工作队队长为副组长、驻村工作队和村班子成员为代表的领导小组。在于令报家的危房改建期间，领导小组约定两人一组，包天分组解决于令报家的实际困难和问题，同时帮扶施工方落实危房改建工作，直至改建完成。

这个时候，曹红彦一点没有闲着。为减轻于令报家里的负担，曹红彦多次到县卫生局查找合作医疗报销政策，沟通协调新农合报销的问题，并帮助邻里双方调解纠纷。此外，为帮助于令报家属、子女就近打工挣钱、照顾患者，曹红彦还牵线介绍于令报家里人务工。

2015年底，于令报家的新房终于改建完成。

住了多少年漏风漏雨的破房子终于变成了整洁宽敞的砖瓦房，雪白的墙壁、集成吊顶、简单实用的家具，连床单被褥都换成了新的。“俺家终于有个家的样了。”于家的每一个人都忍不住地感慨。苦了多年的于令报妻子赵银玲，脸上终于露出了久违的笑容。

2016年，于令报最终还是因为伤情严重，医治无效去世，但政府对他家的帮扶一直没有断，每年他家还能得到光伏发电分红、医疗救助，村里还介绍他的妻子到附近板厂务工。现在，于家的妻子、儿子、女儿都在务工，不仅正常生活有了保障，2018年底还买了汽车。

于令报家住上新房的消息也渐渐在村里传开了。村民们不再抱怨着“做好事坑死人”，而是对政府以规划引导进行村庄整治的工作有了新的认识,“只拆不建、破坏捣乱,只打击不引导”的群众负面评价也逐渐得到改变。

3 大雁远去……

在驻村工作队的协调帮助下,曹红彦为村里引进了帮扶企业。

他带头帮着企业协调租赁村里闲置的民房建工厂,帮着企业打扫卫生、安置设备,引导贫困户到村内的创业点就业务工。为了使群众放心务工,他还让妻子在创业点同大家一起干活,用行动引领村内贫困户的脱贫信心。

在脱贫攻坚的路上,曹红彦带头领着群众干,真正做到了领头雁的作用。

几年来,全村经他帮带走上致富路的贫困群众就有20多户,他在自己的刨切杨皮厂和晚秋黄梨项目区安排了22户贫困户就业,还直接带动2户贫困户创业。

曹红彦不仅领头干、带着干,他遇到村里乡亲有困难,自己总是先伸出援手。

在脱贫攻坚进程中,修路、修房、村居整治是必须完成的指标。为了帮村里修路,曹红彦垫付资金5000多元;为了建设标准化村室，他又两次垫付装修房屋、铺设地面和拉院墙的资金13000多元；为帮扶贫困户实施危房改造，他带领村干部全体上阵为3户群众义务修建房屋；驻村帮扶单位援助村室前文化广场建设项目，需先建设后拨付，在建筑方不愿垫资的情况下，曹红彦又带头组织实施，垫资12000多元，落实了村前广场建设，促成了项目顺利实施。

可就是这么让村里人交口称赞的大雁，突如其来的疾病却在猝不及防间找上了他。

到了2016年底，王玉堂村眼看就要完成脱贫目标，曹红彦更是一刻也闲不得。

2016年11月3日上午，为了落实县里每个贫困村未脱贫户，要保证完成全村1344人中2%以下脱贫目标，村里本着动态管理“应进则进、应出则出”的原则召开村支部工作会议，商议算账评定未脱贫贫困户。这次的脱贫攻坚会从上午9点开到11点50分才算结束。会议结束时，曹红彦安排各村民小组组长，趁村民中午都在家吃饭的时候赶快把要通知的事情通知下去。

忙了一上午之后，曹红彦觉得身体有些不舒服。他只当是自己最近太累了，所以在开完会时，就跟驻村干部孔令卫和村副主任曹大廷说，他有些头痛发昏，跑着通知的事他就不去了，没有通知到的回头告诉他，他再给这些人一一打电话。“我先回家休息一会儿。”

没想到，从村委会到家里不足300米远的路，曹红彦竟再也没有走完。

离开村委会，曹红彦深一脚浅一脚往家走着，此时他觉得浑身的力气都要被抽光了。不过短短5分钟，当曹红彦走到贫困户曹世华的家门口时，他难受得已经走不了一步路。曹世华发现后，赶紧背起曹红彦将他送到了家。

打开门，曹世华发现曹红彦的家里空无一人。他的爱人为了照顾孩子上学，平常都在县里租房陪读，曹红彦的饮食生活也便一个人瞎对付。

曹世华见曹红彦情况不好，赶紧喊来了村医李德宏。李德宏匆匆赶来一看，急忙打了120，然而当急救车将他送到医院时，曹红彦已没有了自主呼吸。

手术室的门关上了。村里上百名村民赶过来了。

整整三天，王玉堂村几十位年轻的小伙子和老人、驻村工作队的同志、乡里的领导干部在医院里含泪等着曹红彦的消息。

这几天里，每天都有很多人到村里询问大雁的病情，念叨着他在村里办的一桩桩好事。还有年长的群众到村头的庙里为他祈祷上香，祈愿神灵能够保佑他平安无事。

医生的抢救、大家的期待，却没能换来曹红彦的生命，他还是就那么走了。

2016年11月5日，曹红彦积劳成疾、抢救无效，因脑出血被宣布脑死亡后，就再也没有醒过来。

推开曹红彦的家门，人们难以想象，在遇到困难时常为村民们慷慨解囊的曹红彦的家，竟然可以用家徒四壁来形容——除了几件20世纪七八十年代的老旧家具，就是两个孩子满墙的奖状……

曹红彦是村里有名的孝子。不到8岁时，一场意外事故夺走了他母亲的生命，他是在奶奶的照料下才得以长大成人。平时他孝顺老人、关爱兄弟，兄弟家的生活他跑前跑后地悉心料理，一家人老老少少，全指望他上下打理。

如今，奶奶已经90多岁，怕她伤心，孙子不幸去世的事情家里人和村里人都不敢告诉她。

然而，最痛心的莫过于曹红彦的妻子贾二档。她知道曹红彦这么多年苦惯了、累惯了，但她常年在县城租房照顾儿子和女儿上学，总是顾得了这头就顾不得那头。而还在上大学的女儿和上高中的儿子，根本无法接受眼前的事实。

闫楼乡党委书记代宪法说，大雁是说得少做得多的好支书，是老百姓的贴心人、党和政府的知心人，他从来没计较过个人得失，常年在为老百姓服务。大雁走了，我们很多乡干部都很痛心，都哭了，大雁是个好兄弟，实在是太遗憾了。

如今，王玉堂村在他和驻村工作队的努力下，村内外的路面已经实施了硬化，农田水利设施已经得到了实施建设，村内环境也得到了改善。

走进王玉堂村，下水道、路灯安装、饮水安全、文化广场、标准化卫生室等样样齐全，村里的12座温室大棚里种植着西红柿、黄瓜，四季如春，还有148座塑料大棚种植着红薯。富裕起来的王玉堂村越来越美，经过最近两年美丽乡村改造，不少离家多年的人回到村里都找不到回家的路了。

随着兰考全县脱贫摘帽，王玉堂村的好日子就要到来了，只是万万没想到，他们的好支书曹红彦却如大雁南飞了。

“我哭得都失态了，老泪纵横呀……”谈起曹红彦，一手将其带进村委会的老支书李彦治再次泪流满面。

60多岁的老党员曹红见说：“大家得知这个消息，根本无法接受。眼下像他这样肯吃亏、肯付出、能办事、能办成事的人有多少啊？大家还盼着他回来继续当村支书呢……”

曹红见的问题，也是村里百姓的心里话。他们心里的大雁，从此怕是再也飞不回来了……

只是，他们的心里，永远会留下大雁那个热情、实干、总也闲不住的影子。

第六章

花 90 万元建村部却惹来差评？

2014 年春节，已经很多年没有回过老家的代玉建回到代庄村，看到老家落后的面貌，在老乡劝说之下，决定留在村子里。

然而，起初一心想带领老乡们脱贫致富的代老板却被老百姓贴上了“要你有啥用”的标签……

1 代老板返乡记

代玉建的媳妇掰着指头不止一次算过账：如果代玉建现在还安心在郑州做生意，一年至少能挣600万元，可回到老家仪封乡代庄村后，现在他一个月只有1600元钱的工资。

亏死了！

可代玉建却算着另外一笔账：2014年回村时，全村人均年收入4600元，到2019年已经近20000元。

赚翻了！

圆圆的脑袋，标准肥胖的身材，无论冬夏都穿着一双布鞋，逢人都眯着眼睛笑，像个弥勒佛一样。别看他年纪不大，代玉建这个兰考县仪封乡代庄村的“80后”村支书，却有着令人啧啧称奇的人生转折：大学毕业以后创业经商，却在生意前景一片大好的时候突然选择回到老家，当上了一名普通的村支书。

1982年5月，代玉建出生在代庄村一户普通农家。

其实，对于如今的代玉建来说，外出求学和打拼的时光已经模糊了他对幼时贫穷的记忆。但是这种滋味在代庄村的很多年纪大些的村民看来，却是想忘都忘不掉的印记。

代庄村村民陈胜利就是其中之一。在说起那个年代的时候，陈胜利的胃里便常常会有“条件反射”一般的不适：“想起那时候，嘴里就会冒出红薯味儿，胃里就泛酸。”

红薯，在现代不少都市白领看来是一种健康食品，尤其是它能带来饱腹感，更是一些正在减肥的年轻人最为看重的。

而在30多年前的代庄村，人们同样因为这种饱腹感，把红薯选为了主粮。这种选择绝非为了减肥，而是出于一种无奈。

蜿蜒的黄河把九曲十八弯中的最后一弯留在了兰考，也给这里带来了风沙、盐碱和内涝，代庄村也不例外。

“俺村北边是沙地，南边是盐碱地。旱天北边绝收，涝了南边绝收。”陈胜利说，独特的地理地质条件让代庄村人无奈地选择了易成活的红薯作为当时的主要农作物。

红薯片，是代庄村人30年前最为熟悉的一种口粮。拿起从地里收获的红薯洗净，用类似于木工刨子一样的工具刨成薄片再风干，就做成了红薯片。吃下肚子后，红薯所富含的膳食粗纤维便能让人有种“已经吃了不少东西”的错觉。

“咱脚底下站的地方原来就是一片大沙丘，那是俺村最主贵的地方。”年纪比陈胜利略小的代庄村村民代红，站在如今村委会前已完成硬化的广场上说，这片水泥地在近40年前就是代庄村人的“厨房”，全村老少填肚子吃的红薯片，就是在这片沙土地上风干晾晒的。

饿了就吃红薯，这固然能填饱肚皮，但那些用红薯片“堆”出的饱胀感，还带来了烧心、泛酸等不适。更难熬的是，即便是这种饱腹感，也不能满足代庄村人最基本的生存需求。吃完了红薯、棉籽、榆树内皮，陈胜利的母亲还曾带着姐姐前往徐州等地要饭，不为别的，就是为了给家里省出两个人的口粮。

据史料所载，1982年前后，对于兰考县的农业生产来说，并不是什么好年份。是年8月，黄河水位猛涨，兰考县5个公社36个大队共计约12000户人受灾，远近有名的"要饭县"兰考又一次雪上加霜。也是因此，代玉建从小就听家人唠叨："兰考人出去要饭全国有名，咱代庄村又是兰考最穷的地方。"

2001年7月，代玉建从中原工学院毕业。刚刚毕业的他看着大千世界的广阔天空，誓要在外面大展一番拳脚。

对于年轻的代玉建来说，幼时贫苦生活的经历让他无时无刻不想逃离生养他的老家代庄村。他想，即使在外面苦点累点，也绝不回去。他当时想得最多的事儿，就是琢磨咋早点赚钱、咋赚更多的钱。

在那个时候，家乡兰考对代玉建来说，总有种"不光彩"的感觉，特别是走出兰考之后，这种感觉越发明显——20多岁，正是血气方刚的时候，也是最爱面子的时候。好多次让人发现自己有一个叫兰考的老家，代玉建觉得很没面子。

坐火车，从兰考站刚一上车，旁边的人总是会上下打量一番：小伙子，兰考人？现在兰考日子咋样，还穷不？

跟同学们聊天，一听说自己是兰考来的，总有人打趣两句：你们兰考人还出去要饭不？

甚至有时候，连代玉建都会烦自己的口音。不少人一听他开口，便会说：咦，你是兰考人嘞？呦呵，兰考都出大学生了！

有的时候，他想跟别人争两句：我们兰考好着呢！可想了想，真是不知道说哪里好，一口气憋在心里压不下去，他就怪在了兰考头上。

越是这样，他越下定决心，一定要在外面过上好日子。

大学毕业后，代玉建留在了郑州。从打工起步，代玉建在郑州的第一份工作便是在餐馆给别人打下手。

在勤工俭学的摸爬滚打中，代玉建渐渐熟悉了商人的角色，能吃苦、有眼力见的他渐渐在生意场上站稳了脚跟。从最初的刷盘子到逐步有了自己的小店，挣下创业的第一桶金，代玉建稳扎稳打，逐步扩展自己的生意。

随后，代玉建开始在郑州经营一个品牌黄金饰品，很快就实现了连锁经营，年纪轻轻就成了一名成功的生意人，成了人们口中的“代老板”。

经过10多年的奋斗，代玉建在郑州有了几家属于自己的商业店面，也置办了房产，还把父母接到了省城，感觉终于争了一口气。可每次想到兰考，代玉建的心里还是有点堵得慌，他也不知道为什么。

2014年春节，已经很多年没回过老家的代玉建回到代庄村。

离家多年，家乡几乎没带给他任何惊喜：进村还是那条破路，四下望去还是那一排排破旧的房子。更让他难受的是，许久未见的老乡们，好像还在过着苦日子。

看到“荣归故里”的代玉建，村里的亲戚和乡亲都羡慕得不得了，老支书龙玉彬此时见他回来，也动了心思：“玉建啊，别忘了，咱可是兰考的啊！回村吧，带领村里的乡亲一起过好日子吧。”

看着老支书期待的眼神，代玉建突然间明白了，这些年自己为什么一想到兰考就觉得心里堵得慌。

此时的他也猛然想起，在以前的一次应酬中，代玉建听出同桌一人说话带着很明显的兰考口音，便向他求证老家是哪里。

但无论代玉建怎么追问，这人总是岔开话题，在众人面前始终没说出“兰考”二字。

饭后分手时，代玉建再一次凑到了这人旁边，直接问他：“是兰考的吧？为啥不说？”

这个老乡直言不讳地说：“我也早听出你也是兰考的，但咱老家要饭的多，名声不好，我是做生意的，说老家是兰考的，嫌丢人！”

这样一句话，深深戳进了代玉建的心里，那时的代玉建心头，半是堵得慌，半是不服气。

此时此刻，那种熟悉的不服气的感觉又从脑海深处涌了出来：凭什么我们兰考就是穷？凭什么我们兰考的日子就过得这么苦？凭什么我们兰考人就这么不受待见？

代玉建使劲咬了咬牙，拍了下大腿，当即就准备撇下郑州的生意，回村里带着乡亲一起致富！

回到郑州，代玉建向妻子张其霞摊牌："我要回代庄，和村里人一起发展。"

张其霞一看代玉建的神情就知道，代玉建这是已经下了决心。她知道丈夫的脾气，但凡是已经决定要做的事情，谁也拦不住。但她还是耐心劝导他："做生意和领群众是两码事，别想得太简单了！"

代玉建一副胸有成竹的样子："我有信心干好它，我有思路、有人脉、舍得钱，加上群众支持，我不信干不好！"

张其霞又说："你想过没有：你现在在城市里生活了这么长时间，就这么回去，能过得惯村子里的生活吗？"

代玉建不以为意："我骨子里就是兰考人，哪儿有什么过得惯过不惯的？再说，我这么多年吃了这么多苦，还怕回村子里吃的这点苦？"

此时，代玉建的朋友圈也炸了锅。"说啥的都有，有说我挣了钱回来'显摆'的，也有说我回来'镀金'的。"为了阻止他返乡，代玉建的母亲甚至还跟他打起了冷战，一连半个月都不跟儿子说上一句话。

面对家人和朋友的疑问，代玉建把心里埋藏许久的秘密说了出来：“还记得那个不愿承认自己是兰考人的老乡吗？我生意就算做得再大，说起‘老家’就好像人家捣脊梁骨一样。”

就这样，在2014年5月，代玉建如愿当上了代庄村党支部第一书记。

其实，真的决定回代庄了，他才开始认真琢磨这个村：代庄不算大，也不小，2100口人，501户，5000亩耕地；代庄不算太穷，不是贫困村，但也不富，全村人均收入还达不到兰考的平均线。

以后的工作怎么干？此时的代玉建还没有具体可行的方案。

但是代玉建告诉自己，一定要干好，不辜负老支书的期望，也达成自己的目标！

2 “飞鸽牌”的干部到底中不中？

刚回到村里的时候，代玉建想得最多的是“我能干点啥”。他天天在村里转来转去，不知道从哪里下手。但最容易发现的问题，就是村里的硬件条件太差了。

接任第一书记后，代玉建第一次认真地看了看村部：真是破啊，连厕所都没有，三间黑黢黢的小屋，连开个会都没有地方。村里的路也没一条像样的，整个村最好的路就是一条只有 4 米宽的水泥路。

“当村支书也就是多给村里拿点钱、办点事，给自己的老乡花点钱，怕啥的！”代玉建想都没想，拿出90多万元，一座500多平方米的二层办公楼在村部拔地而起。

给村里建好了办公楼，代玉建又拿出钱修了村里的主干道。本以为“钱散出去，总会买回个好”，代玉建心里多少有点骄傲：我这么诚心，这下大家能满意了吧。可谁承想，在2014年7月村党支部专题组织生活会上，不少党员向代玉建“开火”，给了他一个“差评”！

有老党员在会上说：“玉建，几个月也见不着你一面，你这样的领头人咋能带领大家脱贫致富？”这次会上，很多人把“枪口”对准代玉建，说他是“飞鸽牌”的干部。“这样的干部坚决不要！”

一听这话，代玉建觉得窝憋得慌！他躺在床上想了一整夜，从先前的委屈，渐渐想到大家对村支书的期盼，又想到了焦书记：跟他比比，咱确实差距大啊——焦书记决心改变兰考的面貌，不达目的，死不瞑目。这是啥？是真感情！是韧劲儿！

此时，代玉建说服了自己：咱也要有这股韧劲儿，群众不富，死不瞑目！

批评面前，代玉建真正认识到乡亲们对他的期望：“你要当支书，就要当个合格的好支书，安下心，就在代庄村扎下根来，大干一番吧！大家都盼着跟你发家致富啊！”

自此，习惯了“满天飞”的代玉建在代庄扎下根，脱下数千元的衬衫、皮鞋，换上30元的短袖、15元的布鞋，住进了村委会，忙的时候几周也顾不上回一趟郑州的家。

身子留在了村里，心思自然也就沉了下来，带领乡亲们致富的点子也就冒了出来。

当时的代庄村有村民2100人，耕地面积达5000亩，属于纯农业村，经济收入比较单一，财政条件也很有限。像中国许多农村一样，青壮年群体大多在外打工，村里的留守老人和小孩较多。这一系列的现实状况摆在代玉建面前，成为这个村支书的头号难题。

代玉建安下心来做的第一件事，就是重点建立健全代庄村的基层民主科学决策机制、基层便民服务工作机制、基层矛盾调节化解机制和基层党风政风监督检查机制这基层组织四项机制。从村级活动场所建设着手，除了新建村委办公楼房，解决了村委的办公问题之外，代玉建还建立健全了规章制度，以村干部良好的集体形象，带动村风、民风的根本好转。

代玉建发现，当时代庄村的34名党员中，60岁以上老党员有21名，占总数的62%，40岁以下的仅有6名。

“党员没活力，党组织没战斗力，软弱涣散村的帽子戴了多年。”

代玉建认真梳理过去代庄村党建工作存在的问题，提出了一个新的发展思路：代庄要发展，必须从党建这个根上抓起，凸显党员担当引领的作用。

代玉建针对村里不同的党员，分别采取行动：他定期慰问老党员，带领老党员外出考察学习，让他们体会组织温暖、跟上形势变化，重新焕发干事业的活力；利用党员微信群开展网上学习交流，让年轻党员时刻不脱离党组织。

2014年底，代玉建的工作做出了成效：代庄村被仪封乡评为先进基层党支部，被兰考县委组织部确定为落实四项机制示范村。

到了2016年，代玉建把代庄村的基层党建工作做出了新花样。他尝试建立了类似城市社区的“网格化”管理方法，采取“一拖四”模式：1名党员或群众代表分包自家周围4户邻居，负责传达上级精神、收集群众建议；不同年龄阶段的党员帮助村“两委”做不同的工作。其中，这个“一”包括42名代庄全体党员、36名群众代表、32名入党积极分子，总共110名，分包农户实现全村501户全覆盖。

代玉建探索实施的这个创新模式让村“两委”做到了“小事不出组、大事不出村、困难不出乡、矛盾不上交”，工作开展近一年就收获到了成效。在2017年兰考县新“四面红旗村”评选中，代庄村成为首个“基层党建红旗村”。

代玉建在会上跟全体党员再次骄傲地说：“党建抓得好，啥工作都好做！”

代玉建并不好高骛远，他明白，既然自己扎根到村里来干事，就要踏踏实实地干。在带领群众致富的路上，他也务实地选自己认为能干得来、能干好的干。

代庄人世代种的是麦子和玉米。为提高农民收入、发展规模产业，代玉建发起成立了怡心种植合作社，第一批加入合作社的就有97户村民。

怡心就是“一心”。代玉建之所以起这个名字，就是要一心为人民服务，绝不能让村民失望。

为了把合作社做好做大，代玉建从郑州农林部门找来专家，到村里实地考察，看看村里到底适合发展啥产业。专家考察后认为，这里的土质非常适合种植大蒜和苗圃，他便拿出5万多元购买优质蒜种、树苗，免费提供给加入的社员。他跟大家说，赚了钱再还蒜种树苗钱，不赚钱，种苗算白送。

有代玉建给大家托底，不少农民就放手试着干了起来。2015年5月，种下蒜种后长出来的第一批大蒜丰收了，村民们一算账，收入比以前增加了至少4倍！

有了眼前实实在在的收成，村民们渐渐打从心底里认可这个小年轻“还算有点本事”，而代玉建也第一次尝到做村支书获得村民们肯定的甜头。

渐渐地，怡心种植合作社把村民们脱贫奔小康的心聚在了一处。只用了一年半时间，全村加入合作社的村户突破了400户，特色蔬菜水果种植相继开展，村里流转土地达1300亩。

说起合作社的事儿，代红深有感触。

2007年前后，代红的弟弟罹患尿毒症，一家人拼尽了全力，也没能挽救回弟弟的生命，前些年种植苹果所攒下的家底也被耗费一空，全家人开始在贫困中苦苦挣扎。“花了快20万元，也没能留下俺弟弟，欠下的债也成了家里的大包袱。”

从2016年起，要强的代红开始尝试种植葡萄。由于肯吃苦、勤快、会管理，种植当年，代红便依靠10亩大棚葡萄脱了贫。眼看日子渐渐好转，春节前突如其来的一场寒潮再次给代红带来了不小的麻烦——3座大棚的棚顶被掀，绿油油的葡萄苗一天之内就变得枯黄。但所幸代红加入了合作社，利用代玉建给社员购买的农业保险，代红获得了1.5万元的赔付金。

带领村民发展经济，这位代支书得到了认可，可在乡村治理上，代玉建也没少得罪人。

建设美丽乡村需要按规定拆迁。有的村民一听要拆屋，抵死不同意，还闹着要和代玉建“拼命”；有的村民不讲理，开门就往外泼水，还怪代玉建修了水泥路，让自家往外泼的水没法渗下去了，气得他说不出话。

更可气的是，还有个代玉建的本家叔，说代玉建为了要政绩、想着到省里当官，拆老百姓房子，不管老百姓死活，一句话就刺痛了代玉建的心。

代玉建一气之下跑回郑州，可朋友的一句话点醒了他："村里哪都好，还要你这支书干啥嘞？"代玉建拍了拍脑袋，自嘲自己就是个糊涂蛋，重新回村接着干。有矛盾的，代玉建就挨家挨户做工作；不理解政策的，代玉建就不厌其烦地解释政策的好处；碰到实际问题的，代玉建就跑上跑下多方联系——

村里浇地缺水少电，代玉建多次协调，县电力部门批了6台变压器，铺设线路2万余米，达到井井通，村民浇地有了基本保障。

村里原来饮用的是浅井水，水质差，有时候还发黄发臭。代玉建前后到县乡跑了近半年，终于让村民用上了放心水。

事干实了，村民们与代玉建的心贴得更近了。"只要你想着群众，真心帮他们办事，群众肯定会信任你、支持你、跟你走的。"碰到苦了累了的时候，代玉建总是这么告诉自己。

3 “代庄红薯”翻身记

2016年的1月17日，农历腊八。

按民俗，从腊八开始，年味儿就越来越浓了。这天，代玉建领着合作社的10多个社员，带着自个儿产的土特产进城了。

这次进城，对代庄来说意义不一般：代庄村自产的农产品第一次走出村庄，摆到了省会郑州街头。

“我一年前曾对乡亲说，再返城挣钱，一定是带着代庄百姓一起。”代玉建说，“现在，这个诺言实现了！”

为了这个诺言，代玉建没少被埋怨。做生意已经习惯了“满天飞”的代玉建，自己把自己“绑”在了代庄村，忙的时候，郑州的家反而成了几个月一回的“旅店”。他的爱人编了一句顺口溜揶揄他：家不管、钱不赚，老人孩子丢一边。

代玉建虽然内心对爱人很愧疚，但他知道，她明白自己的心思都用在了村里的正事上，用在了带领加入合作社的村民致富上。

代玉建深知，摘掉“贫困帽”不是终点，带领村民实现小康梦，必须让他们有“造血”功能。除了种植葡萄、油桃、大蒜等农产品，代玉建还组织贫困户到武陟学淡水养殖、到鄢陵学苗圃种植、到宁陵学林下养鹅、到中牟学大棚草莓种植……他用现成的案例告诉村民怎么搞改革、调结构，以技能技术培训作为农民脱贫致富的有力抓手。

学好了技术，启动金成了村民们把想法付诸行动的关键。代玉建帮助参与特色农产品种植的村民们申请到22万元的贷款，自己又拿出无偿帮扶资金6万元，确保想干的农民不因缺资金而止步放弃。

要提升农产品附加值，光种植特色蔬菜水果还不够，还要促进农产品的综合开发。

此时，一个想法冒了出来："把我们的绿色农产品进行加工，提高身价，卖到城里去！"2015年底，作为合作社理事长的代玉建把这个想法一提，不少人心里犯起了嘀咕。

合作社社员代三想，统一加工、统一标识、统一包装，这些都是个啥啊，听都没听过，这可咋干啊？而后，听到代玉建说要把玉米糁儿卖到1斤3块5，代三心里一咯噔：乖乖嘞，太高了吧！

虽然心里一点没有底，但代三和其他社员们还是跟着代玉建一起干起来。"玉建让干咱就干！"

到了2016年1月17日这天，社员们和代玉建来到郑州考察后，代庄人发现代玉建定的3块5的价格并不高。

代玉建还为社员们选择了一个高门槛的卖场——由河南省供销社一家全资子公司主办的"老家河南"土特产大卖场。这家郑州最大的土特产卖场，里面出售的大米、绿豆、玉米糁等农产品比代庄自己定的价格还贵出2到3倍。

虽说代玉建选中了这家店，但代庄村的农产品却因没有“QS”标识的质量认证，被卖场拒之门外。这可急坏了代玉建，他想方设法跟对方沟通做工作。工作人员眼见这些质朴的农民为了脱贫致富敢想敢干的热情，便同意他们在卖场门口摆上几天。

虽然不是正式进军省城市场，却是代庄村农产品在省城的首次亮相。这趟省城之旅，也让代玉建增长了经验：不比不知道，我们和其他农业产业化发展好的地方距离还很大，代庄的发展之路还很长。同时，这次进城也更坚定了这位代支书带领村民持续发展特色农业的信念。

在他的带领下，村委成员以合作社为平台，先后推出了苗圃基地建设项目、高效农业免息帮扶项目、农资零利供应项目、土地经营风险担保制度和试行农民土地托管制度。通过打造绿色有机农业，村民们的收入不断增加。

彻底告别代老板的代支书，在合作社经营上取得的成绩让他再次找到了当年在商海里的成就感：全村501户都成了股东；流转土地2000亩，高效农业特色化发展逐步走上正轨。

2017年2月27日，经国务院扶贫开发领导小组评估、河南省人民政府批准，代庄跟随兰考县一起，终于摘掉了那顶“穷帽子”，代庄人均年收入也涨到了12000元。

如今，代庄村的合作社翻着花样地创新，什么农产品市场销量好就种什么，什么产业附加值高就干什么，合作社成为村里发展的一个平台，带领着代庄人走上了“代庄大道”。

如今，代玉建又找到了新目标。他联系省里和开封市农科院培育引进了适合兰考土壤的红薯品种，还注册了代庄自己的品牌——怡心红薯。

红薯，这种过去代庄人活命的口粮、曾与“穷”字挂钩的食物，在今天成了代庄人致富奔小康的希望。

代玉建回代庄这六年来，代庄的变化人人都看得见：过去的泥土路变成了宽敞整洁的硬化道，过去进风漏雨的土坯房变成了红瓦白墙的新砖房，过去散落全国背井离乡四处讨生活的“打工仔”变成了发家致富的小老板……讲起代庄的变化，每一个代庄人都停不下嘴。

很多人给代玉建竖起了大拇指：你出力出钱办起了合作社，老百姓把你夸得不行。每到这个时候，代玉建都会收起笑脸说，我干村支书可不是为了让别人说我句好，就是为了干实事，让老百姓过好日子。

“一种精神，会镌刻在灵魂深处，时间越长就会越清晰，就像清风会吹起浮尘，显现出最深刻的印记。生在兰考，长在黄河岸边，听着焦裕禄的故事长大，那是一种潜移默化的信仰，总会在无意中找到追随的足迹。兰考这片土地让党员干部，拥有了天然的精神引领，纵然时代变迁，精神却永未磨灭。”

这是代玉建记录下来的一段文字。他总说，看着这段话，心里就会生出一种说不出来的劲头和畅快！

“我是兰考代庄的代玉建。”如今，这句话好像挂在了代玉建的嘴边，走到哪说到哪，充满了骄傲。他把他的微信名字改成了“俺是代庄人”，微信头像也换成了“幸福代庄”的图片。

干了六年的村支书，越干代玉建越不着急。他的心里有一张代庄发展的蓝图，他知道农村的事得慢慢来，一步一步地走下去。“我不着急。只要老百姓不把我撵下去，我就想在代庄干他一辈子。”

第七章

梦想照进现实的那束光

2014 年 3 月 17 日那天下午，是张庄村村民闫春光毕生难忘的一个日子。没想到，习近平总书记来到他家，不仅掀起了灶台上的那口破盆，还聊起了闫春光的挣钱问题：“下一步你咋打算？还是打零工？”

习近平总书记嘱咐闫春光，一定要好好干，脱贫了过好日子。

1 张庄有个“风口袋” 有人来“贴膏药扎针”

一条大河从天而降，照亮文明之始，开启生命之源。

蜿蜒千万里，从冰雪清泉到浊浪滔天，每一回奔涌向前，犹如一次巨大的迁徙；

九曲十八弯，化宁静柔美为大气豪迈，每一次华丽转身，都似裹挟着风雨雷电。

兰考县东坝头乡，九曲黄河最后一个大拐弯。

由于地势险峻，历史上黄河多次在此决口。

160多年前，黄河在这里不羁地一摆尾，决口改道，泥沙沉积、河道风劲，苦了这里的百姓，东坝头乡张庄村就是其中之一。

一年终日，风沙劫掠，沙丘连绵。

刻在张庄村村民游文超脑海中的故乡，除了沙，还是沙。

今年已经68岁的游文超现在还记着，小时候刮风时，只要一张口说话，便是一嘴沙子。

张庄人有一句形象的话来比喻风沙的严重：路北播种子，路南收庄稼。有一年，风沙太大，把老游家的门都堵住了，全家人只能从窗户爬出去。据《兰考县志》记载，新中国成立前的100多年间，兰考被风沙掩埋的村庄就有63个。

风沙带来的是饥饿。地里长不出庄稼，逼得人爬上了树。张庄人吃完槐树叶吃榆树，吃完榆树吃杏树，吃得张庄的树上都不长叶，到了春天也没个春天样儿。

“冬春风沙狂，夏秋水汪汪，一年辛苦半年糠，扶老携幼去逃荒”，活不下去的张庄人只能外出逃荒，多的时候村里有三分之一的村民外出逃荒要饭。

1962年，焦裕禄踏上兰考土地的那一年，正是这个地区遭受连续三年自然灾害后最为严重的一年：风沙、内涝、盐碱等自然灾害使得全县粮食产量下降到历史最低水平。

“服务群众的办法，还得从群众中找！”

焦裕禄深入兰考各地，进行了一次艰苦的摸底调查。他和调查队的同志经常在齐腰深的水里吃干粮，蹲在泥泞里歇息，成了名副其实的“泥腿子”。

到了张庄，焦裕禄看着流沙查风口，正不知如何治风沙的时候，他正好看到村民魏铎彬手捧着黏糊糊的泥土一个劲儿地往坟头上抹。魏铎彬说，害怕风太大把母亲的坟头刮没了，挖点黏土封住，再大的风也刮不动。焦裕禄一听来了劲：“张庄有救了！”

他想出了一个治沙的办法：“一个人一个早上封一个坟，一百人、一千人、一万人、几十万人，干一年、两年、三年，用翻淤压沙的办法把沙丘封住，栽上树，种上草，岂不把骇人听闻的沙丘变成了锦绣田园？”

焦裕禄把这套治风沙的办法称作“贴膏药扎针”，用淤泥黏土封住沙是“贴膏药”，再种上槐树是“扎针”。

在他的带领下，兰考向风沙、盐碱、内涝宣战。渐渐地，逃荒的人回来了，一起治“三害”，三年的时间，张庄的风沙基本治住了，小麦亩产一度从以前的三五十斤，增加到近200斤。

2 2014年的那天下午……

磨砺好像是对张庄这片土地的特殊考验。

虽然在焦裕禄的带领下，这里的百姓治住了风沙，却始终未能摆脱贫困。由于以粮谋生、资源匮乏、产业结构单一，这里长期处于贫困状态，村民们有粮糊了口，却还是难致富。

20世纪七八十年代，由于张庄一带地薄土差，庄稼收成不好，为了谋生活，人们只能再次出走张庄，外出打工。

到了2014年建档立卡，全村711户2963人中，建档立卡贫困户有207户754人，贫困发生率25%，张庄成了脱贫攻坚进程中要攻下的重点堡垒。

2012年，从小过惯了苦日子的游文超，头发一下子白了大半。

这年的一天，正在外出打工的儿子游向东突然出现在了家门口。

原来，游向东在打工时腰部受伤，检查结果是腰椎间盘突出，几乎已不能走动，只能瘫在床上。

为了给儿子治病，游文超四处借钱，最后凑来凑去还差2000元钱，儿子没法手术。这样一来，不仅儿子的病没看好，连带家里的生活也更加拮据。最后没办法，老游只能先让儿子保守治疗，他一边种地、打工，一边和患有神经损伤的老伴一起照顾儿子。

老游家的日子，也就这么好一天坏一天地熬着。

同样为过日子发愁的，还有同村的闫春光。

闫春光自小就饱尝穷苦生活的磨炼。他 9 岁那年，父亲得了肝癌去世，抛下一家老小，让本就挣扎在贫困线上的家庭雪上加霜。

迫不得已，闫春光的母亲外出打工，帮别人干苦力。提泥、砌墙，什么苦力都干，一家老小的日子只能靠母亲打工的辛苦钱过活。

那时，闫春光对“穷”的最深切感受，就是一年到头很难吃上肉，吃一次肉感觉就和过年一样。

从学校毕业以后，闫春光到处找活干。18岁那年，闫春光到常熟一家电子厂打工，干了五年，攒了些小钱，娶了个湖北媳妇回到老家。

到了2011年，闫春光见村里很多人在搞养殖，他就寻思着自己也养鸡赚些钱。闫春光东拼西凑了几万元钱，买了1500只蛋鸡，搞了个养鸡场。结果在2013年这一年，一场禽流感袭来，养鸡场一下子赔了2万多元，加上原先借的，外债竟有5万多元。

养鸡场砸了锅，突如其来的打击让闫春光一时没了方向，在这之后的半年，闫春光被家里的外债压得喘不过气来，干脆守着家里的几亩地，什么都没干。

直到2014年建档立卡时，闫春光一家五口人就指着7亩地，年收入不足7000元。全家人挤在住了几十年的破土房里，锅里总是些剩菜剩馍。

就在这个时候，一件改变闫春光命运的事情发生了——2014年3月17日下午，习近平总书记来到他们家，和一家人闲话家常。

习总书记当年进他家厨房的时候，闫春光恨不得钻到地缝里去。

那时候，闫春光家的厨房又破又乱，一口用了几十年的土灶台，泥都掉下来了，墙角堆着红薯和玉米秆，灶台上一个盆也用了20多年了，黑黢黢的房顶从他记事起就没有收拾过，整个厨房就两个小窗户能透点光。

没想到，习近平总书记来到他家，不仅掀起了灶台上的那口破盆，还聊起了闫春光的挣钱问题："下一步你咋打算？还是打零工？"

习总书记还紧紧握住了闫春光奶奶张景枝的手，时年85岁的张景枝用家乡话和习总书记唠了半天，习总书记嘱咐闫春光，一定要好好干，脱贫了过好日子。

习总书记离开后，闫春光寻思了好久他提出的这个问题：奶奶

80多岁了，自己的孩子也在慢慢长大，总出去打零工也不是办法。

后来，村里来了驻村工作队，到他家里一了解情况，决定通过政策帮扶激发闫春光的内生动力。

随后，政府帮他贷到了10万元的贷款，这让闫春光的信心重新振作了起来。

闫春光受到了激励，养鸡的热情被重新点燃，每天起早贪黑干了起来。他一边到县里学习养殖技术，一边上网学习管理知识。在他的用心经营下，闫春光从有不到1000只鸡的散养户，到现在成为有超过1万只鸡的大户，成了当地有名的养殖能手，一年收入至少有20万元。

闫春光的家里也发生了翻天覆地的变化。家里的一儿一女已经送到城里上了寄宿制学校，养鸡场也在2015年换了一个更大的棚。

闫春光的厨房再也不怕人看了。干净的液化气，崭新的抽油烟机，阳光透过两扇宽大的窗户照进来，让整个厨房明亮亮的，电冰箱等家用电器一应俱全。

2016年，闫春光家里顺利脱贫。

对此，闫春光感触很深：年轻人，干点活苦点累点不算什么，关键是要有好的政策扶持。

已经过上了好日子的张景枝，虽然听力不如前几年，腿脚也不方便了，但是在孙子闫春光和孙媳妇的悉心照料下，身体还很硬朗，一顿饭吃半个馍，两个鸡蛋，一碗稀饭。看着家里的日子越来越好，张景枝说，自己还要活到100岁。

3 春光入党记

2016年，29岁的闫春光有了新的打算——入党。

这几年，闫春光靠着养鸡脱了贫，他养的蛋鸡数量随着收入增长不断攀升——2015年，5000只；2016年，10000只。

三年时间，闫春光赚了20多万元——不光脱了贫，他还成了村里20多户养殖户的领头羊。

“春光啊，可别忘了是谁让你脱贫的啊！”闫春光的励志故事传遍了村子，村党支部书记申学风对这个年轻后生看在眼里，喜在心里，“是个党员的好苗子！”

2016年6月，春光第一次递交了入党申请书。之后，又递交了两次。

“春光啊，共产党是干啥哩？可不能光闷着头自己挣钱！”申学风隔三岔五到春光的鸡棚里聊天。

闫春光也想着，如何能够凭借自己养鸡这点本事帮助村里其他人脱贫致富。

2017年春节过后，春光多了一个理事长的头衔——张庄20多户养殖户有了第一个养殖合作社，统一进鸡苗、统一进饲料。“光鸡饲料这一项，一年就能给大家省下20多万元。”能够凭借自己的努力帮大家多做事，闫春光觉得自己对得起入党申请书上的承诺。

到了2018年，全村的养殖业迎来了一个不小的挑战——随着鸡蛋市场在这年四五月份的连续大跌，1斤鸡蛋的价格一下子降了六七毛钱。

这可急坏了闫春光，他眼睁睁地看着这一个月里每隔四五天鸡蛋的价格就跌1毛钱，觉得一定要想个办法，帮助大家稳收入、不赔钱。

随着淘宝深入到广大乡村，闫春光想通过互联网进一步拓宽鸡蛋的销路。他着急地想开一个网店，让传统的土特产插上“互联网+”的翅膀，让更多的人切切实实感受到“兰考之变”。

2019年3月7日，有记者将张庄脱贫的故事带到了十三届全国人大二次会议在当天举行的记者会上。

“做扶贫，确实要利用信息技术，利用‘互联网+’，坐上时代的快车，实现弯道超车。”听了闫春光的故事，国务院扶贫办主任刘永富如是说。他以甘肃陇南为例，详细介绍了国务院扶贫办在电商扶贫方面做的工作，并现场向张庄发出“邀请函”：“如果张庄还没有电商，我到时候带他们去陇南学习！”

记者会次日，淘宝网工作人员就来到了张庄。他们的目标，就是帮助像闫春光这样想在网上开店的村民们圆了网店梦。

怎么开店、怎么摆货、怎么营销……淘宝网工作人员给闫春光进行了全程指导，半个小时就帮他把淘宝店开了起来。

淘宝店开起来之后，闫春光又开始研究一个新玩意：期货。

点开期货App，手指滑动手机屏，眼盯着跳动的数字，闫春光说："以前怎么也想不到，这些跳动的数字竟然和我养的1万只蛋鸡扯到了一起。"

这源于村里养殖大户的鸡蛋被镀了"金"。"这金不是金子的金，是金融的金。"闫春光笑呵呵地说。

2019年1月，鸡蛋"保险＋期货＋银行"扶贫项目落地张庄村，向蛋鸡养殖大户提供鸡蛋价格保险和融资服务。"保险＋期货"是近年来出现的农产品价格(收入)保险新模式，已经在棉花、大豆、玉米、白糖等品种上试点实施。而"保险＋期货＋银行"是"保险＋期货"的升级版，融进了银行信贷服务。"＋"号背后是金融市场功能的融合，让金融服务实体经济的触角延伸到基层，也帮助村里的养殖户稳定收入。

闫春光深知，这些年鸡蛋市场不稳，鸡蛋价格像坐上了"过山车"，一旦蛋价宽幅下挫，鸡蛋在养殖大户那里就成了"催泪蛋"。如何规避鸡蛋市场风险，成了养殖大户最犯愁的事情。

而通过“保险+期货”，只要给自己的鸡蛋投了保，如果在投保期限内鸡蛋期货价格低于投保的目标价格，那么投保人就能得到一笔理赔款，尽可能降低因市场价格波动而给养殖户带来的风险。

2019年初，闫春光的兰考春辉养殖专业合作社为176.4吨鸡蛋投保了价格保险，保险期为1月30日至2月28日，而这期间正值鸡蛋销售淡季，蛋价易跌。但因为投了保，待保险到期，闫春光将有望获得一笔可观的保险理赔款。

有了价格保险，蛋鸡养殖的市场风险得以规避，银行放心向养殖大户授信放贷，这样就形成了良性循环。中国邮政储蓄银行兰考县支行副行长张昂昂说，通过“保险+期货”项目，农户的收益稳定了，银行愿意支持，也敢支持。

从背负外债的贫困户，到玩转互联网和期货的养殖大户，闫春光内生动力的激发、脱贫奔小康的经历都离不开党和政府的好政策，离不开县乡村里的帮扶。

时钟快速拨到2019年7月1日。

这天是党的生日，上午9时许，在张庄村党员大会上，闫春光面对党旗，举起右拳，以洪亮的声音、饱满的激情庄严宣誓：“我志愿加入中国共产党，拥护党的纲领，遵守党的章程，履行党员义务，执行党的决定……”

闫春光永远也不会忘记：在这一天，他成为一名光荣的中国共产党预备党员。

闫春光的进步离不开党组织的引导和培养。“在总书记的亲切关怀下，张庄脱贫奔小康，春光也一步步成长为致富带头人！”申学风说，“春光不负重托，成长为合格党员，把他吸收到党组织中来，是我这个村支书的责任！”

作为春光的入党培养联系人，申学风和老党员文振民都认为，在脱贫攻坚和产业发展中，闫春光带动群众致富，扛起了责任，达到了一名合格共产党员的标准。

民主表决通过后，春光发言表态：“我一定遵守党的纪律，争取早日成为一名正式党员！”

五年时间一晃而过，闫春光家的房子翻修一新，添置了家具家电，习近平总书记的画像仍然挂在堂屋的正中央。“一定要按总书记绘好的图走！不管喜和忧，一定得往前走！”闫春光说。

4 “梦里张庄”走进现实

张庄能干点啥?

在习近平总书记来过张庄之后，时任兰考县县长的蔡松涛抽空了就到张庄转悠上两圈，寻找张庄未来发展的路子。

他发现村里面有一些老房子、破院子空着没人住，都已经荒废了，而这两年来村边黄河滩参观旅游的人越来越多，能不能试着把这波人吸引过来，搞个乡村红色旅游？

蔡松涛忍住了急脾气，没有急着铺开摊子。他明白，要想让张庄人的思想从“要我脱贫”转变为“我要脱贫”，就得让张庄人自己主动干、比着干，不能让县里头给它造盆景！

经过县里的点拨，村支书申学风和村里人反复商量后，决定先试试水。

2016年，村里将6户空心户打造成农家乐，并正式营业。结合当地的民俗特色，融入创意文化，不到两个月的时间，富有特色的农家小院揭开面纱，餐饮、住宿、采摘园、牧场、儿童乐园一应俱全。

村里给它起名叫“梦里张庄”，寓意为如梦境般美好的小康张庄逐渐变成现实。

看到眼前的变化，不少张庄人都跃跃欲试，可就是怕自己赚的辛苦钱赔得血本无归。后来村里想了个办法，组织有意向的村民到洛阳、焦作、信阳等地学习当地发展乡村旅游的先进经验，游文超也是其中一员。

参观了一圈回来，老游开农家院的动力有了。回到家后，他第一时间就进屋找存钱的柜子。他自己拿出6万元钱，管亲戚朋友借了七八万元，政府贴息贷了13万元，准备把家里闲置的房屋改造成民宿。

2016年5月，“游家小院”改造完成，8月开始营业。按照跟村里商议的价格，老游家的民宿一间房一天租金80元钱，当年就有不错的收入。2017年，游家小院经营收入达8万元，老游也成了第一批民宿老板。

在游文超的示范带动下，张庄村40多户村民陆续干起农家乐。不少贫困户和游家一样，靠民宿脱了贫、致了富。

2018年，村里办起农村干部培训学校，这给游文超的农家小院带来了稳定的客源。在村里的支持下，培训人员入住期间，客房的客源、摆设、打扫、管理都不用游文超操心，只需等着分红。

几条街之外，赚了钱的闫春光，脑袋也越来越活泛了。看着来村里的游客多了，闫春光有了一个新的想法：“游客能玩、能食宿，要是还能买点俺加工的土特产带走该多好！”

做什么土特产好呢？春光想到了小时候一年还吃不到几滴的小磨香油：“做一点原生态的香油、芝麻油，游客们应该会喜欢。”

说干就干。闫春光开始马不停蹄地忙碌起来：试验加工法，注册商标，跑生产许可证……

闫春光租了一间邻居临街的屋子，春光油坊门面房开门迎客。

走进春光油坊门面房，小磨香油、芝麻盐、芝麻酱等产品一字排开、琳琅满目，间或有游客推门进来询价。

春光在自家的小磨香油上费了不少功夫：芝麻在锅里炒两个小时，在石磨上磨1个多小时，然后倒入开水中，用开水“晃”出香油还得三四个小时。这种土法不仅耗时，出油率还低：七八个小时，两斤七八两芝麻才出1斤油。相比之下，机器压榨只需要1个小时，两斤半芝麻就能出油1斤。可春光心里有数——土法出的油比机器压的要香得多！

“实体店压货，网店出货更快、成本更低！”带着这个想法，春光农副产品店于2019年在线上正式开张，可这次“赶时髦”，闫春光却遇到了坎儿。几个月下来，网店没卖出多少货，这让他愁得不行。

网店经营是个新玩意儿，春光不大懂。“做得好，不等于卖得就会好！网店的维护和营销一定有巧儿。”春光决定和村里懂行的人合伙，利益分成，有钱大家一起挣。

“春光网店的‘坎儿’，也是张庄的‘坎儿’。”申学风也一再琢磨春光的“忧”：张庄民宿发展了，可懂酒店管理的还没有；有几十家土特产经营户，懂电商的却没几个；全村景点环线旅游有了，可几乎还没有导游……“产业要兴旺，张庄要振兴，一定得有懂技术、善经营的各样人才，一定得有更多‘升级版’的春光！”

伴随着一曲脱贫奔小康的乡村协奏曲，“梦里张庄”正在摸索中一步步前进……

5 张庄之变：春光里的新生

2020年1月16日上午，兰考飘起了雪花。

虽离春节还有些时日，但“梦里张庄”的桐花书院里年味正浓：红红的灯笼高高挂，福字已贴满屋外。

这天一大早，闫春光就跑到桐花书院，他听说今天桐花书院要办饺子宴，就过来帮忙跟大家一起布置会场。

街坊问他：你去年赚了多少钱？

闫春光一听，略带腼腆地咧嘴一笑：鸡蛋还卖得不错，毛利有个二三十万元吧。

这一年，闫春光占地1600平方米的蛋鸡养殖场，养了大概有1万只鸡。不光鸡养得好，春光油坊的油卖得也不错。自2018年3月开店以来，油坊生意一天比一天红火。闫春光算了算，2019年，光是春光油坊的招牌产品小磨香油就卖了10万元。

人往高处走，水向低处流。日子富裕了的闫春光还想把2020年的事业做得更大。

蛋鸡养殖场的规模已近饱和，春光觉得，自家的香油销路还能更广。

现在的春光油坊卖香油靠两个渠道：游客到店里买和淘宝店铺售卖。但春光觉得远远不够。

他盯上了“抖音”“快手”上的自媒体。

看着现在越来越多的人在短视频App上卖东西，销量十分可观，他想试一试：“现在线上卖东西比线下强得多，我得多接触接触。”

但现实却让春光犯了难：他对自媒体运营一窍不通，村子里也没找到这号人才。

“咱只知道怎么看视频，但不清楚咋制作呀。”

冥思苦想了良久，春光找到了一个办法：让年轻人帮忙。

“虽然现在村子里年轻人不多，但我准备找找他们，有空闲时间了，帮春光香油拍些视频发到网上，看看效果怎么样。”闫春光觉得，既然有想法就要试一试，也算为将来的发展蹚蹚路。

到了包饺子的时候，大家聚在一起，包起了饺子：切菜、拌馅、和面、支锅……

在桐花书院这一方庭院内，红红的灯笼与晶莹的雪花交织在一起，一口大锅冒着滚滚热气，张庄的老人们坐在桌旁聊着天，一切都让人觉得，2020年的春光更近了。

正是临近年根的时候，游文超的游家小院比平日里多了几分年味。

除了游家小院民宿能够容纳8个人入住，吸引远近游客的，还有一桌好吃的“游家菜”。

游家小院生意红火，离不开老游儿媳妇的管理。现在，整个小院里里外外都由儿媳妇一个人打理，有时候客人饿了，儿媳妇也会烧一桌子拿手的农家菜。靠着这手绝活，有很多游客慕名而来，只为吃一口这地道的“游家菜”。

结果，这一口“游家菜”香飘张庄，在邻居家民宿里住的客人听说游家儿媳妇烧的饭菜香，都跑这来吃了，吃饭的人比小院里住的客人还多。

那老游去哪儿忙活了呢？原来，看着游家小院已经走上正轨、儿媳妇也能干，老游把目光转到了离张庄不远的黄河湾风景区。

经村里介绍，游文超在那找了个门岗的工作。他早上去守岗，下午四五点钟就收工，一个月能赚到1500元工资，中午还能回来一趟，跟老伴儿吃口午饭。

临近年关，也是盘算一年收成的时候。老游掰着指头一算：游家小院收入 6 万元，家里11亩地能收个 1 万多元，再加上儿媳妇在旅游淡季给村里企业打工的 1 万多元……林林总总算下来，老游家这一年10万元钱收入不成问题！

提到2019年的收入，就不能不提老游家的儿子游向东。

在过去的一年，游向东也开始有了新的打算。在做了治疗腰椎间盘突出的手术以后，游向东的身体好了很多。虽然由于手术后遗症干不了重活，但他总想着搭上“梦里张庄”这班快车，给自己找个赚钱的路子。

这几年，看着村里人靠着卖土特产、搞民宿都挣到了钱，游向东把目光瞄向了土特产。他知道闫春光的香油生意现在热火朝天，自己肯定干不过人家，于是便灵机一动：现在人吃东西都讲究营养均衡、粗细搭配，我为什么不卖点五谷杂粮呢？

说干就干。

2019年4月，游家的第一家磨坊店：兰考县向东低温磨坊杂粮馆开张了！

第一次做生意，难免有些摸不清门路。一年下来，杂粮馆的生意并没有预期的那么好，这让游向东有些气馁。

“咱做事不能半途而废，得有精气神，要使劲干！”游文超鼓励儿子说，“游家小院”一开始时也不那么顺风顺水，尤其是旅游淡季的时候，还是得自己慢慢琢磨，路子才能一点一点摸索出来。

为了帮助创业的儿子，游文超拎着自家产品找到了驻村干部卜苏豫，说起了自家的困难，想请他帮帮忙。

“这东西呀，包装太简单了，不够吸引人。你回去跟向东说，让他重新换个好点的包装，打上咱张庄的招牌，然后让慧杰帮你在网上做做宣传，绝对不愁销路。”卜苏豫拿着一罐产品一点一点地给老游出谋划策，“到时候我们帮你把产品往县里农展会、农交会推荐，名气和销路就都有啦。”

"好，好，好，我回去就跟向东说。"游文超如获至宝般喜笑颜开。

可光有民宿、土特产，还不能完全让张庄人的内生动力激发出来。拔掉张庄的穷根，还要在产业上下功夫。

洛阳奥吉特菌业进驻了—— 一期标准化菇房60间，吸纳当地300人就业，员工年收入预期达5万元。

兰考坤禾农业也进驻了——兰考蜜瓜产业标准化示范基地400亩，带动周边70余户贫困户，全县合作农户超过300户，2018年销售额达到千万元。

张庄的土特产也焕发了新生：张庄红薯、张庄香油、张庄花生糕、张庄老布鞋、张庄醋……这些往日的"土玩意"，正在成为城乡市场的"香饽饽"。66岁的张庄村村民李玉娥家里世代做红薯醋，以前只在附近村庄卖，一年卖不了1000斤，最近两年品牌越来越响，一年能卖两万斤。

张庄的变化，也让90多岁的张景枝颇为感慨。仅仅两三年时间，张庄变了个样：这里成为红色乡村游景点，老屋改造，一院一景；荷塘莲藕，林间杂果，掩映其间。一切咋就变得那么快、那么好呢？老人感慨之余也念叨："要是焦书记活到现在，多好。他要是看到现在的张庄，该多高兴啊！"

从"要我脱贫"到"我要脱贫"，"梦里张庄"之于张庄村，是从0到1的蜕变，焐热了群众想要脱贫致富的心。

坚持招大引强，突出龙头带动，从一村到一县，特色产业体系正在不断培育壮大，昔日兰考县最大的风口，已经变成一个密林掩映的绿色家园。

第八章
泡桐有声

一个人、一棵树，改变了一座村，推动了一个产业，张扬了一种精神。不只是张庄，兰考县的很多个村庄，都奏响着一曲“梦想照进现实”的变奏曲。

别名“乐器村”的徐场村就是其中之一。

1 清晨6点钟的焦桐

77岁的兰考老农魏善民这天起得格外早。

清晨5点，魏善民从蒙眬的睡梦中醒了过来。他摸黑爬起身子，在床上坐了一小会儿，穿上一件洗旧了的蓝色斜纹汗衫，简单洗了把脸，漱了个口准备出门。

走出家门，抬头一望，一弯蛾眉月挂在西边墨蓝的天空上。

骑上电动三轮车，驮着扫帚、簸箕，目的地是离家1公里外的焦桐。48年来，这条路他走过无数遍。

但这天尤显特殊——2019年8月16日，焦裕禄的生日。如果他还活着，整整97岁了。

斯人已逝，泡桐长绿。1963年，焦裕禄亲手种下的一株小麻秆，如今已是华盖如云。历经半个多世纪的风雨沧桑，这棵树始终矗立在那里，带给人们一片绿荫，也活在百姓心中，大家亲切地称它“焦桐”。

睹树思人。“要是焦书记还活着，看见它现在仨人都合抱不过来，不知道得多高兴。”像往常一样，比焦裕禄小整整20岁的魏善民，拿着扫帚，轻轻地清扫，再把落叶归拢，不时抬眼望向他熟悉得不能再熟悉的这棵树。

焦裕禄有一张广为流传的照片，肩披外套、双手叉腰、侧头目视远方，背后斜伸出一片泡桐树叶。那棵未露全貌的泡桐，就是他亲手栽下的泡桐。

“他很高兴地说，咱春天栽的泡桐苗都活了，十年后会变成一片林海。”时任兰考县委办公室通讯干事的刘俊生还能回忆起焦裕禄当时的神态，那是1963年9月，焦裕禄下乡查看春天栽的泡桐。

照片是刘俊生偷拍的。他经常随焦裕禄下乡，给群众拍了上千张照片，给焦裕禄拍的只有4张，其中3张都是偷拍的。“我一想拍他，他就摆摆手说‘镜头要多对准群众’。”刘俊生说，从这个小小的细节，足可见焦裕禄的为民情怀。

1963年，刚调任兰考县委书记的焦裕禄面对着的是兰考肆虐的风沙——沙子一起就打死一片庄稼，一亩地收不到40斤麦子。

每当风沙最大的时候，也就是焦裕禄带头下去查风口、探流沙的时候。调来几个月，焦裕禄脚不点地地辛苦奔波，换来了一整套又具体又详细的资料。他决定带人种泡桐树，防风固沙，向“三害”进军。

泡桐是华北平原上最常见的树种，具有成活率高、生长快、材质好的特点，特别适应兰考的盐碱风沙地。

魏善民至今仍然记着当时种树的情景：他和焦裕禄在种树时被分在了一组，这才真正见识到了焦书记平日里所说的“干部不领，水牛掉井”的深刻含义：有时候他拿树苗，焦书记就刨坑，有时候焦书记拿树苗栽种，他就刨坑，搭档得很好，焦书记根本就是群众中的一员。

在风沙最大的胡集大队，50亩生态林迅速栽起来了。等树苗全部种上后，大家靠在路边歇了歇脚，焦裕禄不经意一瞥，发现路边还扔了一棵树苗。

大家都没有在意这株树苗。

或许是因为这株树苗相比其他苗来说长得矮小，可能是准备淘汰的“残次品”——通常泡桐苗的长度约3米，这棵苗只有2米，短了一大截。

可焦裕禄把树苗捡起来，仔细端详了一番。

“你看这棵苗个子矮，但是根好，如果长起来了，比其他树长得还快，扔了可惜。”

焦裕禄这么一边跟魏善民说着，一边在路边一块空地上刨个坑种上了。

就是这棵差点被淘汰的小苗，如今已经长成5米粗、26米多高的焦桐。

说起泡桐的好处，魏善民如数家珍。泡桐对土壤不挑剔，好种、易活、长得快，三年成檩、五年成梁，生命周期不长，还不和农作物争夺水、光、气和养分。泡桐全身是宝：根，防风固沙；躯干，用作板材；

枝杈，粉碎后做胶合板；花和叶子还是一道风景。

由树及人，这种以短暂的生命奉献自己全部的泡桐精神，不正是焦裕禄精神的真实写照吗？

泡桐是一种生长比较快，但寿命相对较短的树种。通常情况下，一棵泡桐10来年就能成材，树龄三四十年已属罕见，而焦裕禄亲手种下的这棵焦桐，今年已经57岁了，在泡桐界相当于一名百岁老人。如此高龄，却依然枝繁叶茂，它顽强的生命力正是焦裕禄精神在这片兰考大地上不断传承发扬的希望。

“无法解释，堪称奇迹。”——这是林业专家对这一泡桐界百岁老人奇迹的解释。其实，在奇迹的背后，是普通百姓感念着焦裕禄留下的精神财富，用自己的力量守护了这一树澄碧。

“树是充满灵性的，我们只能说，眼前这棵泡桐树是焦裕禄的化身，代表焦裕禄不朽的精神。”这是当地一位宣传干部的感悟。

静静凝望。

这是魏善民每天在焦桐树下所做的功课。

打扫落叶，浇水，施肥……“看这棵树就跟伺候老头儿一样，吃多少喝多少，再没有我清楚了。”他说，从凌晨5点起，一天三遍看焦桐，跟吃饭一样自然。

旁人口中满含敬意的“焦桐”，在他这儿，只是简简单单的“这棵树”，语气中透着熟稔和亲昵。1971年至今，这棵树，他照顾了49年。

在那之前，照顾这棵焦桐的，是他的父亲魏宪堂。魏宪堂精心照顾了这棵树八年。焦裕禄去世后，这位老人无处寄托自己的哀思，经常到离家不远的地头，看看故人亲手种下的泡桐。他总是念叨："焦书记领着咱，日子一天比一天强，啥时候也不能忘了。"

魏宪堂的话，在年幼的魏善民心里播撒下了精神传承的种子。守着这棵树，就是守着焦裕禄的精神，也是守着父亲生前最深切的期望。

4月，是泡桐花开的季节。大朵大朵浅紫色的泡桐花挂满枝头，县城里凡是种泡桐的地方，都披上了一层浅紫色的柔纱。

前两年桐花飘香的季节，别的泡桐树都开出了泡桐花，可就是这棵焦桐却迟迟没有动静，急坏了不少人。

是树的年龄太大了？还是肥料没跟上？直到经验丰富的老农看出端倪，赶紧报告，人们在树根附近的水泥台上钻了100多个小孔浇水，焦桐最终开花，人们才放心地奔走相告。

对于魏善民和其他守护着焦桐的老百姓来说，与其说守护这棵树，不如说是在守护对焦裕禄的感情。

虽然在兰考工作仅仅470多天，焦裕禄却在群众心中铸就了永恒的丰碑，他的事迹至今仍是被津津乐道的话题。到最穷的人家吃派饭，了解百姓实情；忍着腹痛工作，把藤椅顶出个大窟窿；批评儿子看白戏，让女儿去又苦又累的酱菜园……几乎每个在焦桐下乘凉的人，都能讲出一段焦裕禄的故事。

“焦书记是好官啊，把命都给兰考了，就撇下这一条根，咱不看好能行吗？”这是魏善民接班守护焦桐时，父亲告诫他的话，也是许多默默守护焦桐的百姓的心愿。

李仙海曾在兰考县委工作，焦裕禄顶出窟窿的藤椅，是他坐过的旧椅子。泡桐落叶多的时候，他会到焦桐下和魏善民一起打扫。这对老伙计，谈起焦裕禄就有说不完的话。

“附近来搭把手的人很多，特别是老一辈人，对焦裕禄都有很深的感情。”李仙海说，焦桐是焦裕禄留下的一个念想。他常用诗歌表达对焦裕禄的缅怀：“思君夜夜肝胆碎，怜民百姓一片心。”一句诗，写下的是人们数十年如一日的守望，也是焦裕禄精神数十年如一日的传承。

桐花开谢间，附近的泡桐林更新了三四代；一座以焦裕禄命名的干部培训学院拔地而起；焦桐树下变成了小小的广场。每年，大批参观者在焦桐树下聆听焦裕禄的故事。

焦桐是长在兰考百姓心中的树，更是泽被世人的精神之树。50多年过去了，焦桐早已成为兰考的地标。

“这棵泡桐已成为焦裕禄精神的象征”，石碑上刻的焦桐简介里，有这样一句话。早在1984年，这棵焦桐就被列为县级文物保护单位。

“谁不盼好官啊，老百姓就想多出几个焦裕禄呢！”魏善民常在树下听见人议论，某件事如果焦裕禄在世会怎么处理。这里树高荫浓，附近的百姓喜欢逗留，有什么不顺心的事也愿意来这儿坐坐。

给参加培训的干部讲课时，魏善民和李仙海从不吝啬语言和时间——尽管是义务劳动。他们想尽己所能把焦裕禄的一言一行告诉更多的人，就为一个朴素的愿望，让“现在的干部能受触动”。

在焦桐下忙碌时，两位老人经常被晨练的外地学员认出来。对方往往会致以敬意，有时还提出合影。欣慰的同时，李仙海更期待干部们回去后的表现：“最好的纪念是实实在在为群众办事，最好的传承是老老实实为人民服务。”

随着树龄增长，当地百姓为焦桐留后的想法越来越强烈。10多年前，魏善民等人就开始掘出少量根段，培育幼苗。如今，焦裕禄陵园、焦裕禄干部学院都散落着焦桐的后代。

焦裕禄当年选泡桐作为治理“三害”的看家树，看重的是其耐沙荒、耐盐碱、耐瘠薄、耐干旱，特别是根系深，一般都扎几米深，最深能到18米，能直达豫东平原的浅水层。“这就是泡桐与众不同的根系——**没有一种根基，比扎根人民更坚实。**”年轻的兰考县委书记蔡松涛由衷地感叹。

没有一种力量，比从群众中汲取更强大；没有一种执政资源，比赢得民意更珍贵持久。徘徊树下，清风习习，仰望焦桐，如一座挺拔的精神坐标，看似无语，却带给人们深深的思考。

2017年春天，魏善民又培育了几株新的泡桐苗，种在焦桐周围，以纪念这一年焦裕禄95岁生辰。

魏善民深知自己年纪已大，迟早有守护不了焦桐的那一天。他已经想好，让唯一留在自己身边的小儿子来接自己的班，守护这棵焦桐，也守护世世代代一树澄碧的希望。

2 砍下一棵泡桐树

20世纪80年代，是一个新旧交织的特殊年代。

乘着改革开放的春风，兰考各个村里的一些年轻人不愿再过面朝黄土背朝天的生活，纷纷外出打工挣钱补贴家用、改善生活。与此同时，一批留在兰考的木匠几乎废掉了手艺—— 辛苦干上半个月，不及打工赚下的一个子儿。

手艺是祖辈传下来的，怎么能传到这一辈就断？几双粗糙的大手摩挲着焦书记那时传下来的泡桐树，空气里发出一声叹息——

“也不知，这泡桐能不能改了我们的命?！”

一个满脸裂着褶皱的男人一声大吼，把一棵泡桐树砍了下来。

一张张古铜色的脸，埋在了倒下的泡桐树干上！

村民们急眼了：这都是焦书记那会儿带领我们种下来的泡桐树，

要防风治沙的，好不容易长这么大，说砍就砍了？

村民们不知道，这倒下的泡桐树，是这群木匠们与贫困和绝望决战的斧头，是他们从种在土地深处的“穷根”里掘出的希望！

砍下泡桐树后，木匠们把泡桐做成烧火做饭用的风箱、电线闸刀的闸盒，带到城里去卖。

可是风箱和闸盒到处都有人做，凭什么兰考的风箱就比别人要卖得多？

卖不出去的，只好拿回村子里，自己烧火做饭用。

正在这个时候，兰考徐场村迎来了一位远道而来的客人：在焦裕禄精神的感召下，上海民乐厂琵琶制作大师韩富生来到这里，做客农家。

在农家主人做饭时，厨房里一阵清脆悦耳的声音吸引了他。

韩富生到厨房里一看，原来是这家农户在拉动风箱鼓风烧饭。那种特异的悦耳之音，就是由木质风箱发出的，而风箱的原材料，就是泡桐树。韩富生端详了好半天。

消息传到了那个砍下泡桐树的老大哥这里。

这位老大哥赶紧将卖剩的风箱拆下做成古琴的音板，找人弹奏一曲，弹奏间乐曲悠扬轻柔，空灵不可方物！

韩富生一句话道破天机：“长在黄河故道沙土中的泡桐，纹路清晰，声学品质和共振性能好，板材音质奇佳，这在全国独一无二。”

消息在徐场村传开了。

从此，兰考的泡桐在民乐加工行业一炮走红，成为制造乐器的首选。

而这位老大哥，就是兰考民族乐器制作"第一人"代士永，是他率先将兰考的泡桐做成乐器，推向全国，推向全世界！

1992年，原轻工部组织专家考察后认为，由于兰考独特的地理环境，生长的泡桐不容易变形，经脱脂处理后透气、透音性很好，是一种"会呼吸的木材"，当制成乐器音板之后，纹路清晰美观、共鸣度高、透音性能好，具有优良的声学品质，随即把兰考确定为全国乐器音板定点生产基地。

从那时起，代士永开始将泡桐做成板材卖到上海、扬州的乐器厂，赚点钱。

虽然有了专家的鉴定，可兰考的原材料到了外面，却和兰考曾经的涝地一样贱。

"当时一块长1米7、宽30厘米的板材卖材料才三四块，可做成乐器能卖到四五百块，咱兰考不能守着好木头还受穷啊。"

代士永不甘心。1988年，他自己办厂做乐器，创办了开封中州民族乐器有限公司，这是兰考第一家乐器厂。

光有乐器厂还不够。一二十年过去了，兰考乐器的销路不见起色。外地民族乐器展销会一听人是兰考来的，拒绝入场，只因为兰考的古筝古琴虚有其表，弹出的声音不清脆不说，音色还不准。

为了改变外界对兰考乐器的印象，2000年前后，兰考县陆续有人外出学习制琴，他们希望能在学到核心技术后回乡抱团发展，打造兰考品牌。

如何让兰考乐器品牌叫得更响？在脱贫攻坚开始后，时任徐场村驻村工作队队长周运锋辗转找到浙江音乐学院和中国音乐学院的老师到徐场村现场调音，对产品提出修改意见。他又帮助生产乐器的几户人家贷款更新设备、出去学琴，告诉他们只有懂琴、弹琴、爱琴，才能制作出好琴。

渐渐地，全村越来越多的人开始从事起乐器加工制作，"乐器村"的名声渐渐传开……

3　出家？

徐老大家是"乐器村"制作乐器的先行者之一。

事情要从2013年开始说起。

2013年的一天，一个电话打破了徐场村徐老大家的宁静。

"爸，我上武当山来了。"

电话那头，小儿子徐亚冲的声音传了过来，让徐老大好生疑惑：“噫！你上武当山做什么嘞？”

“我上武当山跟着师傅学做琴啊。”自从立下学琴、做琴的梦想之后，徐亚冲就时常把自己想象成武侠小说里的侠客，背着古琴，高山流水遇知音。

“90后”男孩徐亚冲是从徐场村走出去的第一批学琴人。

2008年8月8日，北京奥运会举世瞩目，徐亚冲一家正围坐在家观看开幕式，一曲古琴演奏引起了他的浓厚兴趣。

10多年之后，徐亚冲还能回忆起当时的场景带给他的震撼：“当场我就被惊到了，之前村里很多家做古琴，但没想到声音那么好听，当时就有了要去研究古琴的冲动。”

2010年，喜爱古琴的徐亚冲初中刚一毕业，便踏上了漫漫学琴路。徐亚冲要走的是一条用心感悟的斫琴之路。他四处打听，得知扬州有不错的古琴师傅。很快，他成了一家琴厂的学徒。在那里，徐亚冲制作了人生中第一把琴。

在此之后，从扬州到北京，从上海到广州，徐亚冲最后还上了武当山。他在那里跟着道家师父一起学琴、品琴。

父亲徐老大一听儿子跑到道士山上，着急坏了，生怕小儿子在山上出家，一天几个电话催着徐亚冲：“你赶紧回村里来！”

徐亚冲趁机跟父亲提出条件：“要我回村也可以，你得答应我一个条件！”

徐老大问他什么条件。

徐亚冲说：“你们要帮我找个地方搭琴棚，然后选些樟木运到咱家，除了这些还要再买凿子、大漆、麻布……”

徐老大问：“你要这些做什么嘞？”

徐亚冲声音里透着兴奋：“我要自己做古琴啊！”

“做古琴？弄啥嘞？”老徐家从来没做过古琴行当，徐老大觉得儿子乱花钱，最后也闹不成个气候，起初很是不情愿，但最终担心儿子出家的念头压倒了一切，自己搭好了琴棚，买来了配件，把在外漂泊几年的宝贝疙瘩迎了回来。

徐亚冲要出家的事儿在乡亲们中间传开了，都说徐老大为了他家老幺不出家，硬生生整出个琴坊来给他家孩子瞎闹腾。

其实徐亚冲压根就没想过出家，他的心里除了做古琴，几乎没什么别的杂念。

一年多以后，一个早晨，徐亚冲跑到院子里，一曲悠扬婉转的《卧龙吟》让来往乡亲都围了上来：

“这是谁家的娃？咋弹哩恁好？”

“噫！这不是徐老大家的老幺么，差点出了家那个！你听听，弹哩好着嘞！”

调好琴，收拾好行装，徐亚冲和父亲第一次坐上开往北京的绿皮车。他的父亲紧紧护着他，他的手里则紧紧抱着一张古琴。

那张精选板材、斫音调试了一年多的古琴里，有着他这辈子最闪亮的梦。

忐忑、激动，紧张中还带着一股新一代兰考人不服气的劲："我们兰考有最好的桐木，为啥不能做出最好的琴?！"

这个土生土长的"90后"兰考娃要给兰考正名！

不到三天，这张琴被北京的行家看中，出了1万多元买走，不少行家感叹"真没想到兰考的农民能造出这么好的琴"。

如今，徐亚冲已经是一名地地道道的斫琴师。

焚一炷清香，轻抚古琴，一曲《卧龙吟》凤翥万里长天。三五夜花前月明，十四弦指上风生，点点琴音如古泉流水，晶莹剔透，搭配着流畅婉转的旋律，从农家小院中飘出，升华化为飞羽飘絮，轻舞曼妙，雅人深致，听之更心旷神怡。

2019年8月26日上午，北京，国务院新闻发布厅。

在新中国成立70周年河南省发展成就展示活动上，来自兰考县固阳镇徐场村的一对"90后"夫妇拨弦而鸣，乐声婉转悠扬。

演奏者，正是徐亚冲和他的新婚妻子卫晨欣。

一曲奏毕，看着观众们意犹未尽的神情，徐亚冲和卫晨欣眼光一碰，一曲《我和我的祖国》从两人指间传出。随后他们又各自弹奏了《梁祝》《凤求凰》，以古风新乐的形式向中外媒体展现出一个崭新、时尚、雅致的兰考。

琴筝和鸣间，是一段因泡桐结下的美好姻缘。

2018年，桐花飘香的季节，徐亚冲鼓起勇气把卫晨欣约到了儿时常去的焦桐树下，捅破了那层窗户纸："你愿不愿意从西安嫁到兰考来？"

卫晨欣不是没有想过徐亚冲的表白，若是前几年，她可能会拒绝，最大的担忧还是来自父母——"谁愿意把姑娘嫁到国家级贫困县去？"

可如今的兰考，不仅在全国率先脱贫摘帽，还一天一个新模样。徐亚冲这些兰考新一代，已经发展成了时尚、现代的"新兰考人"。

一位是农家子弟，一位是音乐专业的大学毕业生，两人就这样奇妙地走在了一起。

50多年前，焦裕禄带领群众种下泡桐树苗。

这些寄托着兰考人与天地抗争昂扬斗志的泡桐树，如今已被发掘制成琴瑟琵琶，一弦一曲间改写着兰考人的命运。

或许，焦裕禄也没有想到，当年用于改善生态的泡桐树，竟成了兰考人的一座取之不尽的"绿色银行"，带动数万人就业，还成就了一段琴瑟和谐的良缘。

这一年，徐亚冲没有停下步伐，他想让他的古琴遇到更多的知音——

10月，徐亚冲参加了在四川举办的第七届中国成都国际非物质文化遗产节，与全世界的非遗传承人一起探讨交流；

12月，徐亚冲来到华为公司北京总部，见证了5G技术引领的时代潮流……

“用一句话来形容今年的收获，那就是长见识了。”徐亚冲说，出去后才发现，原来有这么多人喜爱着古琴，有这么多人在为非遗传承不断努力，有这么多人在关心、关注、支持着兰考的成长。

在外开了眼界的徐亚冲，也找到了自己的目标，那就是让兰考的民族乐器品牌“走出去”！

“现在人们一提起兰考，大部分印象还停留在焦裕禄精神上，但现在我们不只有焦裕禄精神，还有更多的新名片需要外界知晓。”徐亚冲说，“兰考，已经大不一样了。”

2019年末，徐亚冲和妻子在兰考县城开了一家名为“兰考故事”的文创店，花道、茶道、汉服、古琴培训班、文化讲座……徐亚冲将这几年在外游历时见识到的新东西都带回了兰考。

现在的兰考故事在兰考特别受欢迎，徐亚冲还经常举办古琴文化知识讲座、中国乐器历史公开课等公益活动。在他的努力下，越来越多兰考人对古琴、对乐器、对非遗传承有了新的认识。

当然，这一年徐老大家的古琴生意也是如火如荼。徐亚冲的墨武琴坊2019年卖出去的古琴有200余张，徐老大的古琴品牌“徐老大”也卖出了3000余张古筝和古琴。

“今年销售额破了百万，想买啥都可以了。”徐老大十分高兴。

从外游历归来的徐亚冲，对自己从事的斫琴业现状也有了新的了解。“这是个发展潜力巨大的行业，现在在全国已经热了起来，但还可以更热。”徐亚冲说，“想了解古琴、从事斫琴行业的人越来越多，但相关的专业人士还是太少了。”

谈到2020年的新年目标，徐亚冲说，我现在就想着如何让更多的人了解到我们兰考的民族乐器，了解到非遗传承的发展。

在徐亚冲的规划表上，他想在县城的学校、企业内开办更多的文化讲座，讲讲古琴、讲讲历史，让兰考人了解自己的民族乐器；他还想多争取机会，走上省级和国家级的舞台，让更多的人知晓兰考的民族乐器。

儿子有自己的目标，父亲徐老大也有自己的想法。2018年，他通过村里的普惠金融政策，拿到了一笔10万元的低息贷款，他想扩大生产规模，于是在村子的一家院子里又建起了一个乐器作坊。

徐老大的计划很简单：“儿子的墨武琴坊卖的琴走高端路线，我的琴坊就专攻生产中低端古筝和古琴，扩大市场销售范围，让更多的人买到咱兰考的古筝古琴。”

4　琴为心声

泡桐有声。

每一户农民家门前的泡桐树里，都种着一个美丽的梦。

徐场村有一个不起眼的小女孩儿。

乡亲四邻没见她说过几句话，甚至不知道她的名字，只知道徐会平家的那个姑娘日子过得苦：父亲生来是兔唇，说话不大利索，母亲心脏有问题，不能干重活。父母亲平日里默默用泡桐树做成琵琶，为的就是养家的一口饭。

疾病与生计的双重负担把他们一家人沉沉地压在村边一棵无人问津的泡桐树下，一家四口人便和这泡桐树一般，年复一年地沉默寡言。只有父亲平时做琵琶的声音，才让这个贫困的家里发出些响动。

可随着老徐家的小姑娘渐渐长大，家里出现了不一样的画面：每每琵琶琴音一响，小姑娘整个人就静了下来，眼睛盯着父亲制作琵琶的一举一动，嘴里伴着琴声哼唱着不知名的曲儿。

看着女儿如痴如醉的眼神，父母做出了一个生平最重大的决定：送女儿学琵琶！

学琴不易，几年时光，就花掉了两人省吃俭用的绝大部分积蓄。可他们知道，女儿的心里藏着一部乐谱，学会了琵琶，她就能弹出一曲搏击命运的交响!

苦尽甘来,徐家女儿如愿考进大学专修琵琶表演,徐家的琵琶坊也越办越大,2015年彻底摘下了贫困帽。

如今,乡亲们知道了她的名字:老徐家的闺女,叫徐思晴,年纪轻轻的,琵琶弹得好着哩!

一方石凳,一把琵琶,一个下午,一位少女。

一曲《新翻羽调》,宛若杨贵妃在眼前翩然起舞。琵琶声声铮鸣,急切如雨打芭蕉,激烈如金戈铁马。

乡亲们问她:你是怎么喜欢上琵琶的?

她低声却坚定地说:“琵琶连着我的心。心乱则音噪,心静则音纯,心慌则音误,心泰则音清。我弹琵琶的时候,弹的也是我的心……”

琵琶的一唱三叹,就是她的婉转心声。

一转眼到了2020年的寒假。

依旧是淡雅、恬静的模样,正在教小孩弹琵琶的徐思晴透出一股纯洁的气质。

如今,徐思晴在商丘师范学院专修琵琶专业,已是一名大四毕业生。

上大学后,徐思晴没有让父母失望,凭借着对琵琶的热爱和认真刻苦的劲头，她多次参加比赛并且成绩优异：参加河南省第五届大学生艺术展演现场展演活动、2019“央音”全国青少年艺术展演河南展演等多项省级比赛，并且获得第十六届河南省大学生科技文化艺术节大学生校园乐器大赛专业组二等奖、商丘师范学院“三好学生”等荣誉。徐思晴将这些证书的照片都保存到手机里，发给在家里做琵琶的父母，父母都为有这样一个优秀的女儿而骄傲。

谈到毕业的打算，徐思晴说，她想在城里当一名老师，教孩子们学音乐。现在她已经拿到了高中音乐教师资格证。

“想离父母近一些，当老师稳定，也方便照顾他们。”这个安静的女孩用琵琶弹奏出自己对于未来生活的无限畅想。

现在，老徐家琵琶生意越来越好，家里新建的小楼也即将完工，思晴家终于迎来了一个美好的春天。

5　稀客到访

2018年10月30日，徐场村迎来了一群特殊的客人。

参加改革开放与中国扶贫国际论坛的几十位中外专家来到这里，把自己的手机镜头对准了徐亚冲。

只见徐亚冲焚一炷清香，轻抚古琴，一曲《阳关三叠》如流水般倾泻而出。

院外，泡桐落叶仿佛也为琴音所动，在微风中翩翩起舞。

在场的兰考县委书记蔡松涛英语功底并不太扎实，但他每次都不放弃任何一个和外国朋友交流的机会，在讲乐器的同时，也努力地把兰考脱贫的故事讲给大家听。

他一直说，兰考今天所有的成果都不是孤立的，兰考要做的远远不只是脱贫，而是把脱贫攻坚作为一条主线，把强县和富民统一起来，把改革和发展结合起来，把城镇和乡村贯通起来，让兰考一年一个明显变化，三年一个巨大变化，五年一个根本性变化，成为中国贡献给全球减贫事业的样本。

徐会平家的琵琶，徐亚冲家的古琴，徐平卫家的古筝……一个个农家小院里飘出一曲曲动人的脱贫乐；一双双长满老茧的庄稼户的手，放下镰刀，拨起琴弦，兰考在音乐中迎来华丽蜕变。

初秋，午后，烈日的劲头丝毫不减。

还未走进固阳镇的民族乐器展厅，就能听到数十把古筝或铮铮清脆的嘹亮，或低婉悠扬的低吟，不时间杂几声生涩的鸣音。

推开门，眼前一亮。20多个卷着手指、盯着乐谱的小朋友，一下一下认真拨动琴弦。他们中最大的不过十三四岁，最小的只有八九岁，有的小脸上挂着汗水，有的男孩鼻头上还蹭着灰，可个个满脸认真。

固阳镇第一初中学生靳笑晗从开班起就在这里学琴，“去年暑假同学们比着去郑州、上海玩，今年好多同学都来学古筝了，比谁会弹的曲子多”。

从徐场村到固阳镇，音乐带给这里更加深厚的文化底蕴，正是在泡桐树下孕育的“兰考之变”向“兰考之美”迈进的真实写照。

在固阳镇民族乐器展厅里，镇里组织的公益性乐器培训班已经开班，班里的老师们免费教孩子弹琴，一个暑假就有200多个孩子报名。

前几年暑假时，固阳镇举办了一次儿童汇报演出，群众热情特别高，有的拉来了半卡车矿泉水，有的帮忙搭舞台、化妆，服装、道具几乎全是群众自发提供，舞台上孩子们唱着跳着弹奏着，舞台下家长们拍照鼓掌喝彩。

“我们这一代小时候，父母为养家糊口，天天扎在地里，现在日子好了，大家追求更加丰富多彩的生活。”固阳镇党委委员刘攀登说。

2019年，徐场村的乐器发展蒸蒸日上。

一组数据见证了徐场村作为乐器村的魅力——全村乐器产业年产值达1.2亿元，徐场村制作的泡桐面板占据全国30%的市场。徐场村60%以上的村民都开有制作民族乐器的家庭作坊，其余村民也几乎都在村里的作坊打工，民族乐器生产的从业人员达1000多人。如今，徐场村拥有82家民族乐器生产企业，并已形成乐器制作的产业链。

目前，徐场村全村有106户共628人，其中有85户村民从事乐器及相关配件生产。其中有4户人家从事琵琶生产，古琴古筝生产户达到80户以上。

“现在，家家户户都盖起了小楼，开上了小轿车。”村主任徐永顺说，2020年徐场村乐器生产量将达到5.2万多台(张)，全村人均年收入将达到3万余元。

孔海广是典型的返乡创业人士，他在村里开办了一家七贤琴坊。在外做生意的他看到民族乐器越来越受到人们的喜欢，就萌生了把古琴制作点搬到徐场村的想法。回来之后，他专注于古筝、琵琶、阮等古琴制作上。七贤琴坊里生产的乐器还用于2016年G20杭州峰会上为各国领导人进行的现场演出。现在，孔海广的工作室一年制作古琴等乐器约100张，年产值五六十万元。

1991年出生的徐冰也是一个例子。徐冰酷爱中华传统文化，更着迷于古琴艺术。大学毕业后，他回到家乡开始学习古琴的斫制和演奏。古琴的制作工艺复杂，从选材到上弦要经过几十道工序，制作一张精良的古琴需要历时两年。从2014年开始，徐冰先后赴北京、天津、上海、广州等地学习古法斫琴技艺，并在每一道工序上都做到一丝不苟。后来，徐冰也创办了琴坊，通过淘宝开设店铺。他还赴各地为古琴爱好者义务授课，也接到了来自全国各地爱好者和专业人士的订单。

现如今，徐场村的民族乐器已经叫响海内外。

现在的徐场村，民族乐器企业走向规模化，村里有兰考华韵民族乐器有限公司、兰考韵音乐器有限公司、兰考鸣韵乐器有限公司、兰考大河乐器有限公司 4 家规模化企业，各企业通过电商平台、现代化物流、特快专递销售乐器。徐场村有 30 多个系列产品销往全国各地，还出口到美国、英国、德国、加拿大、澳大利亚、日本等国家和地区，产品受到海内外人士的赞誉。

如今，兰考民族乐器“第一人”代士永的儿子代胜民接过父亲衣钵，旗下的河南中州民族乐器有限公司年产值超过4000万元。

一个人、一棵树，改变了一座村，推动了一个产业，张扬了一种精神。

脱贫了、富裕了，这里的人们对美好生活的向往却越来越强烈。

6 玉立而雅

如今，一座小游园在徐场村中心区域亭亭玉立。

这座小游园是徐场村向现代化的乐器专业村转型的一大标志。小游园里绿树成荫、花花草草相映成趣，还设立了树桩模样的凳子和桌子，供人们休息。在乐器村入口处的北面，规划面积为4000平方米的群众文化广场正在火热兴建中。

徐场村是范场村行政村下辖的自然村之一，除了徐场村，还有范场村、李新庄村两个自然村。整个行政村有农户227户1202人，全村在2019年已实现全部脱贫。

说起徐场村未来的打算，村主任徐永顺信心满满。

“一个徐场村不行，要让另外两个村子也发展起来！”在整个范场村，乐器产业主要集中在徐场村，相关人才也主要在徐场村工作，整个范场村有106户人家生产乐器，而徐场村就占了85户。在2020年，徐永顺打算鼓励另外两个村的村民向徐场村学习，让更多的人投入到民族乐器的生产中。

大力提升村容村貌，也是徐永顺2020年的规划之一。2015年之前，徐场村无水泥路、无下水道，只有两米多宽的土路，无任何基础设施，人居环境亟待改善。2017年美丽乡村建设拉开帷幕，徐场村将村内道路全部硬化，硬化面积达到40000平方米，沿街墙体刷白

9000多平方米，主干道笔直平坦，也更整洁美观。

除此之外，徐场村在主街道和广场附近安装路灯等照明设施200多盏，并取缔马路市场，在村口及主要道路设置明确标识及其他指示牌。以前“小雨泥泞，大雨堵塞”的徐场村彻底变了样。

道路修建了，乡村环境绿化也不能落下。徐场村推出环境绿化工程，让村内林草覆盖率达到50%以上，绿化景观树占林木的70%；修建有雨水排放管道，保证雨水排放顺畅；建设灌溉水利设施，使沟河坑塘相通，形成生态水系，满足了生产需要。

这两年的“五一”“十一”等假期，来乐器村的人越来越多。不少人来到这里，一半是为了观光，一半是为了寻琴。

走入现在的徐场村，白墙灰瓦的崭新小楼、绿荫摇曳的村中小路、古色古香的文化广场……徐场村的一切都让人觉得优雅、舒适。以徐场村为模板，徐永顺和村干部要把范场村、李新庄村也打造成环境优美、容貌整洁的新乡村。

乡村旅游也是徐永顺和村委谋划的下一个徐场村经济增长点。

“现在乡村旅游越来越火，为什么我们徐场村不试一试呢？”徐永顺说。借助徐场村“中国民族乐器村”的名片，徐永顺想以民族乐器文化作为吸引点，通过在村里开民宿、办农家乐、制作旅游纪念品、举办民族乐器生产工艺展览，吸引游客到徐场村观光游览，促进村民增收。

“一乡一业”“一村一品”是兰考选准主导产业、实现跨越发展的关键一步。从徐场村的乐器，到兰考恒大家居联盟产业园的电商平台，再到28个特色专业村，一批群创产业拔地而起，家具制造、食品加工和战略性新兴产业3个主导产业方兴未艾。

琴声悠扬，落英缤纷，鸡鸣桐树下，童戏山水间……当一座数百多年来被贫穷压弯了脊梁的小城从连天的黄沙和遍地的盐渍中挺起胸膛，咬着牙、攒着劲，用一双粗糙但勤劳的双手撑起一片天地，那流淌在兰考人血液里艰苦奋斗、迎难而上的精神，就迸发出了惊人的力量！

第九章
曾经的“兰考大爷”今何在？

曾经的“兰考大爷”如今何在？潘秀山是“兰考大爷”的典型：逃荒的年份，他靠拉一手坠弦卖艺挣钱，然而这段经历却在他心里烙下了阴影。时隔多年，当脱贫攻坚的光辉照到老潘家，已经年近八十的老潘能否解开心里的疙瘩？

1 “我是兰考哩，大爷！”

在很长时间里，“兰考大爷”曾是兰考人在外地人心里留下的鲜明印象。

作为焦裕禄精神的发源地，兰考虽然治理好了“三害”，但兰考经济仍然落后。改革开放以后，发展的机遇一波接着一波，发展的热潮一浪高过一浪，不少周边县市抓住机遇异军突起，兰考的10万名百姓却仍然在贫困中徘徊。

兰考，这片出了名的“精神高地”，何时才能走出“经济洼地”？这样的疑问，沉重地横在每一个兰考人心头。

以前，兰考逃荒的人到外地人家敲门时总会喊一声：“俺是兰考哩，大爷！”久而久之，“兰考大爷”就成了外地人对兰考人的谑称。还有人调侃，打狗棒和搪瓷碗是兰考人的两样“传家宝”。

躲着沙丘打“游击”，吃了上顿没下顿，让一些人养成了不思进取、保守懒散、“凑活”的观念和生活习性，不饿肚、不胀肚，成了不少兰考人的“最高追求”。

上过三年学、识得几个字，能拉一手坠弦、唱得两嘴“坠子”，兰考葡萄架乡黄砦村的潘秀山曾对自己的人生充满憧憬。

却不料，潘秀山直到40岁，才从临近兰考的尉氏县讨到媳妇。

人家愿意跟他，只因为人家家里更穷。

能文能唱，却挣不到钱，村里人看他的眼神渐渐有了些异样。潘秀山不服气，他决定放手一搏，带全家出去，靠自己的坠弦手艺挣一份营生。

说是营生，却和逃荒要饭差不了多少。背着行李、引着媳妇、拉扯着三个未成年的女儿，一家人从民权跑到睢县，再跑到宁陵，从《东方红》《南泥湾》唱到《公社是个常青藤》《三大纪律八项注意》，唯一的收入，就是自己拉坠弦、唱“坠子”讨来的“赏钱”，有时候唱了几个小时，也就讨到几个馍，勉强能糊口。

一天，他带着全家往路边一坐，一段“坠子”随口唱来：

焦裕禄啊，
我们的好书记，
你就像那泡桐树巍然挺立，
挡黄沙抗洪水无比坚强，
不怕苦不怕难，
从不为自己。
学习你啊，
心里装着全体人民，
学习你啊，

高高举起毛泽东思想红旗……

没唱几句，忽然人群里有人冲他喊，恁兰考来的啊，恁们咋还逃荒要饭哩？焦裕禄没带恁们过上好日子呀？

这话犹如一记重锤，击中他的胸口，坠弦声戛然而止，张开的嘴许久无声。

围上来的人们也开始小声议论：“噫！这不就是逃荒来的兰考大爷吗？”“兰考大爷咋还往外跑呢？”“还拖家带口呢……”

潘秀山的脸唰地一下就红到了脖子根。他收起坠弦和随身的物什，以最快的速度，像逃债一样回到了兰考葡萄架乡黄砦村的小矮屋。

2　暴雨袭危房

靠着一年多在外卖艺的积蓄置办了几样简单家具后，潘秀山决定外出打工。那时，他年龄已经不小，找不到像样的工作，就到徐州替人喂猪，一走就是五年。

潘秀山形容那段日子是给人当长工：雇主家管他吃住，他每天要把两桶100斤重的饲料压在肩上，累弯了腰，每月才挣得300元钱。

年龄越来越大，潘秀山一家被市场经济的大潮越抛越远。回乡以后，不少村民陆续盖起了两层小楼，他的小矮屋却渐渐成了危房。

岁月也消磨了他同周围异样眼神抗争的勇气，潘秀山越来越安于现状，等嫁了闺女，还有口饭吃，他就知足了。

就在这个时候，在乡里工作的程卫东被组织派下来给黄砦村“灭火”。

黄砦村出了什么状况？原来，当时黄砦村的组织软弱涣散，选不出村支书，村里人到处上访告状，村干部见了群众都绕着走。

为了改变这种状况，2005年5月，时年33岁的程卫东受乡党委委派，以驻村干部身份来到黄砦村工作。黄砦村是个大村，由6个自然村组成，其中一个为回民村。

刚到黄砦村，走访调研之后，程卫东发现黄砦村的情况主要集中在三个方面：

一是村中基础设施差。村里的街道大都是土路，碰见雨雪天气更是寸步难行，还有几处是断头路，出行极为不便；净水设备损坏，村内的降氟自来水设备多年无人维修，村民们用水均为含氟量较高的地下水；村室为四间平房，且设施老旧，需要修缮。

二是村中党组织软弱涣散。程卫东刚来时，全村党员22名，且大部分年龄都在65岁以上，村里已长时间没有发展新的党员，党员老龄化情况严重。此外，个别村干部之间私人矛盾严重，村干部不愿干不想干、怕得罪群众的情绪十分普遍，全村村干部均不是党员。

三是村里上访情况严重。黄砦村在之前村委换届选举过程中，存在暗箱操作情况，村里干部之间产生矛盾，群众对干部不满意、不信任，到乡、县、市等各级政府上访的情况时有发生。

干部懒、群众闹、收入低、环境脏……

面对如此一个烂摊子，程卫东没有退缩。

“要想让老百姓欢迎党员，就得先把队伍整顿好。”程卫东决定从村干部和组织建设入手。

上任第一天，程卫东便开了村干部会。程卫东在全村干部面前发誓：现在咱们躲着群众，两三年后要让群众看见咱就往上围！

针对党员呈现老龄化，村干部也都没有党员身份的情况，程卫东准备用党建带动干部积极性。程卫东鼓励黄砦村村干部积极申请入党，然后他将目光瞄准了村中的致富带头人、返乡创业人员。他认为，只有这些骨干带头人成为党员，才能增强村干部的凝聚力和战斗力。

要想让群众相信干部、支持干部，需要党员干部们主动作为，为群众服务。程卫东决定，先从村里老百姓反映强烈的村路修建和自来水贯通这两件事入手，把这两件事作为增强干部和群众联系的突破口。

上任第三天，程卫东就带着村干部去乡里，希望结合扶贫办的项目，给村子做路面硬化。但当时乡里的工作人员感到黄砦村事多人乱，项目没有得到批准。

“一次不行就两次，两次不行就三次。”程卫东毫不气馁，带着村干部每天坚持到乡里报到，在程卫东的软磨硬泡以及黄砦村党组织建设逐渐好转的情况下，扶贫办最终同意批给黄砦村 3 万平方米的路面硬化项目。

万里长征终于迈出第一步。村子里的路能修好，群众的饮用水问题也要解决。程卫东又经过多方联系，向水利局争取了民生改造项目，在村子里打通了深水井，并且安装了降氟装置，让群众的饮水也得到了保障。

短短两年时间里，程卫东带着村干部把村里的路修好了，群众也喝上了放心水，村民们对这位驻村干部和村里的党员干部的态度渐渐有了改变。

村里人开始主动和程卫东打招呼，从一开始的“小程”“程主任”改叫他“卫东”。

路修好了，水有保障了，接下来是解决村民的矛盾纠纷。程卫东和村干部一起制定了一个三级调解制度，坚持矛盾不上交的原则，村民之间的纠纷都在村干部、村民的调节下一一化解。

这样一来，原来黄砦村的干群紧张关系发生了变化。“村民们看见我们干部都十分亲切，我们干部见到群众也变得更自信了。”程卫东回忆起当时的情景说。

有一个叫王庆华的党员让程卫东记忆犹新。他是当地一所小学的校长，也是一名老党员。看着两年时间过去，黄砦村在程卫东的带领下越来越好，王庆华也想贡献自己的力量。村里的背街小巷坑坑洼洼，需要进行修整，在程卫东发动党员干部带头捐款捐物的时候，王庆华尤为积极，甚至还主动出钱买土，帮村里修整道路。

“让他们帮助老百姓干活，他们都愿意，老百姓也欢迎。”程卫东说，经过一段时间的努力，党员的模范带头作用开始发挥出来了。

在解决村里积弊已久的矛盾的同时，程卫东利用时间走访村户，尤其是贫困户，看看能不能帮助他们解决实际问题。

就在这个时候，程卫东第一次见到了潘秀山。

那天正下着雨，程卫东不放心几家贫困户，便冒雨去各家查看。结果他刚来到老潘家就发现，潘秀山和老伴还有三个女儿蜷缩在四面漏风、屋顶半塌的土房里。

此时，常年的贫困已经让这个家变成了一个“黑洞”，吞噬了潘秀山一家人，也几近吞噬了他们对美好生活的希望。

“大爷，你这房子不能住了，赶紧搬出来，我们申请危房改造，给你盖新房子！”程卫东一边劝着潘秀山，一边叫来村干部把潘秀山一家带到村委会暂时安置，又自掏腰包50元买来塑料布盖住房顶，暂且遮风挡雨。

程卫东渐渐了解了老潘这一家人的生活。常年的打工、逃荒生涯，让老潘一家人颠沛流离不说，也没有攒到什么钱，一家人住的这间土房，还是去世多年的哥哥留下的破房。

因为早年就离开家乡漂泊在外，老潘的三个女儿均是在外地所生，潘秀山家既没有户口也没有土地，更没有收入来源，一家人落魄到了极点。

在扶贫的路上，不能落下一个贫困家庭，不能丢下一个贫困群众——这是中国共产党人的庄严承诺。

程卫东没想到，老潘一家过的竟是如此赤贫的生活，但他没有因此而犯难，而是鼓起了干劲，立志要改变老潘家的生活、鼓起老潘的干劲。

3 老潘心里拴着的“疙瘩”

要想让潘秀山家脱贫致富，一切都要从零做起。

首先是盖房子。

暴雨过后，程卫东赶紧替潘秀山申报了危房改造，同时号召邻居和党员为潘秀山家捐款捐物。看着大家齐心协力的救助，潘秀山心中燃起了对生活的希望。

人穷志不能短，不能老靠着别人的救济过日子，老潘决定带着媳妇去新疆采棉花！“年轻人挣万儿八千，我俩挣三四千。”

盖房子的资金有了，但老潘却不好意思再麻烦人家：“卫东和大家都帮我那么多了，我不能再给人家添麻烦。”潘秀山决定自己在家盖房子。程卫东当时不同意，觉得一个人怎么能盖得起来，但拗不过这个老头儿，只得作罢。一个人的力量终归是有限的，潘秀山的房子从中秋节开始盖，眼瞅着快入冬了，规划的三间平房才盖了一间，程卫东急了，“不行，必须得帮他快点盖起来”。

程卫东召集起村里的年轻人，由村里出伙食费，大家一起来帮老潘家把房子盖起来。众人拾柴火焰高，不出一个星期，潘秀山家的三间平房就盖了起来。

房子盖好那天，潘秀山用漆在门前刷了一副绿底红字的对联：扶贫救命政策好，永远感谢共产党。横批：光辉照耀。

盖好了房子，程卫东还给老潘家里的三人办了低保，解决了吃饭穿衣等基本生活问题。

吃饱穿暖有房住，只是解决了老潘眼前最基本的问题，要想让老潘家脱贫，还得让他有稳定的收入。

经过开会商量，村里分给老潘家 3 亩 3 分地，进行土地流转。程卫东发现养羊也是个不错的赚钱门路，就推荐老潘养羊。2009年，由村里出钱，老潘家里买来了两只小羊羔。

村里的帮扶举措让老潘感动得直落泪，把两只羊当宝贝一样照顾，恨不得天天跟羊睡在一起。虽然老潘没日没夜地照顾羊，但由于不懂喂养方法，羊总是生病。就在老潘不知道怎么办好的时候，又是程卫东及时送给他一本关于养羊的书，还请来了县里的技术专家给老潘做指导。

有了基本的养殖技术，老潘家的小羊从两只到10只，再到20只……在扶贫政策的照耀下，潘秀山的志气涨起来了。通过到户增收资金扶持，他又养了几只羊，2017年通过卖羊羔挣了2300元钱。但老潘不满意，因为那年下的羊羔死了7只。

“虽然七八十岁了，人走不动，车走得动啊，我就算爬着剜草也要把羊养好！”为了照顾好羊，潘秀山心一横，把床铺搬到露天院子，无论冬夏风雨，只要羊快生了，他就早晚守在羊圈旁边陪着母羊和小羊。

这些羊似乎也感受到了他的心意，只要潘秀山一现身，5只山羊齐刷刷抬蹄趴到圈栏上望着他，他掏出一把捡来的泡桐树叶，边喂边说：“咩咩咩，你们好好吃，我好好喂，咱们一起发展好……”

山羊像是能听懂他说的话似的，10只眼睛炯炯有神地盯着潘秀山，5张嘴“咩——咩——”叫得欢快。

潘秀山抚摸山羊的手碰上羊身上拴着的绳儿，突然停了下来，眼神里闪现出一丝不易察觉的伤感。他从来没跟人说起过，他的心里拴着一个“疙瘩”。他记着当初卖艺的时候给焦书记丢了脸，今天他要一点一点把脸面挣回来——

只有脱贫才能打开这个“疙瘩”。

推开老潘家的屋门，抬头就能看见老潘在厨房墙上写的话：“我的幸福是党给的，我要感恩党，跟党走，听党的话。好好劳动学文明，争取为祖国人民做贡献，共同奔小康。”

老潘掰指头算了算，这一年靠养羊、土地流转还有低保，老两口年收入1万元绰绰有余。

现在，老潘家里的三个闺女早已出嫁，老潘也不用再为孩子们操心，有时候女儿还会回来帮自己干干农活，替老潘分担不少。

生活变得滋润了，潘秀山又想起了自己的老本行——坠弦。潘秀山识字，能拉一手坠弦、唱两嘴“坠子”，年轻时算是兰考的“文化人”。

现在，老潘不用靠唱“坠子”卖艺挣钱了，但也割舍不了这个爱好。每天早上，老潘打扫完院子，给羊喂了草，就会拿起心爱的坠弦唱上两嗓子，心里别提多舒坦了。

如今，老潘常唱的，还是那首《十唱焦裕禄》。

“党对我这么好，但凡我有一口气，就得好好干，得给党争光！”

潘秀山是这么说的，也是这么做的。他虽然耳聋眼花，可养羊的事儿一点不含糊。人们常常看到一把年纪的老潘骑着三轮车，卷上三只编织袋，带上树杈子到荒地里拾树叶。

“我可爱羊……”在潘秀山眼里，羊吃上草，他才幸福。人有得吃，羊也必须有得吃，把羊养好，这才是他的脱贫小康路！

“疙瘩”消除了，潘秀山的干劲越来越大，脱贫奔小康的路也越走越顺当。

4　干部再也不用躲着群众走

正如老潘的“坠子”唱的那样：“藤儿离不开瓜，瓜儿离不开藤。”12年的扶贫工作经历，让程卫东深知干群关系的重要性，也深知“党组织领着干，干部抢着干，群众比着干”的意义。如何将扶贫工作做好做扎实，程卫东总结出了自己的经验：

第一，要让群众对党员干部认可，觉得党员干部能办成事。村里修整路面，打深水井喝健康水，程卫东选择从这些关乎群众切身利益的问题着手，将这些大事、难事办下来，党员的形象才得以在群众心中重新树立。

第二，要让农民增收。只有大家富了，才有了脱贫奔小康的积极性，才能更快更好地开展工作。程卫东为了增加村集体收入，向仪封乡代庄村代玉建学习种植葡萄。他带队组织种植户和村干部奔赴山东寿光县、泰安市等地学习大棚葡萄种植技术，回来后就流转70余亩土地，建起了27座葡萄种植大棚。第一年每座大棚的收入就可以达到1万元，现在更是达到3万元。除了种植葡萄，在程卫东的带领下，村里又种起了砀山黄桃、蜜瓜等经济作物。老百姓的收入上去了，程卫东和村委干部在村里说话也更有底气了。

第三，党员干部在工作中要起到引领带头作用。在程卫东看来，党员干部不仅是农户的代表，更是思想的代表、行动的代表。早些年，黄砦村村口有一条兰曹路，是村里对外联系的主干道，但有户村民长期占据部分路面，形成了断头路，村里想把路打通，但一直毫无进展，接连三任村支书都没有干成。结果，这一条断头路，就成了村里的“硬骨头”。但党员干部就是要迎难而上，敢啃“硬骨头”。程卫东来了之后，带头几番去这户村民家里做思想工作，在几经波折后，终于彻底打通了兰曹路，这条路最后成为全县打通断头路观摩点，各乡镇专程派人进行学习。

程卫东是村里调解纠纷的一把好手。村里大大小小的矛盾纠纷由他从中协调后，基本都能得到解决。

在兰考各乡村还没有普遍落实“四议两公开”制度时，黄砦村的党建工作已经走在前列。在程卫东的带领下，村党支部每月定期召开党委会，村中有什么大事要办，就通过集体投票决定，透明公正。正是在这种氛围下，黄砦村的群众越来越相信村干部，党员也更积极地为群众服务。“全乡人民都知道黄砦村干部是最团结的，黄砦老百姓是最听话的。”程卫东笑着说。

群众跟党走，干部更团结，正是在这样一种情况下，黄砦村的整体面貌焕然一新。

焦裕禄啊，
我们的好书记，
你就像那泡桐树巍然挺立，
挡黄沙抗洪水无比坚强，
不怕苦不怕难，
从不为自己……

再次拉响陪了自己半辈子的坠弦，唱起这段熟悉的旋律，潘秀山的心情同30多年前完全不一样了。

如今，通过养羊、种葡萄、种蜜瓜、外出务工，黄砦村64户贫困户绝大多数都脱了贫，村干部也早不用躲着群众走了。

第十章

我给总书记写封信

“从没想过与总书记的视频连线会发生在自己家中！”总书记视频连线在自己家中采访的记者、自己靠卖馍脱了贫、住上了三层小洋楼……在脱贫攻坚以前，这些都是程秀建做梦都没想到的事情，如今都成真了。

“我给总书记写封信吧！”程秀建说，想在信里跟总书记说说他的心里话。

1 “我刘墉离北京走了一月整，转眼来到南京城……”

“我刘墉离北京走了一月整，转眼来到南京城……”

2018年10月1日早晨6点刚过，邻近兰考县谷营镇爪营四村的村巷里准时响起豫剧《刘墉下南京》的唱段，大家一听就懂：这是程秀建来卖馍了。

这天凌晨1点多，爪营四村村民程秀建从床上爬了起来。

摸着黑，程秀建用凉水浸了把脸，开始和老婆进厨房发面。

院里的水缸里藏了一轮皎洁的月。

程秀建想起小时候爹教他的话：“水缸里不能缺了水，人骨子里不能缺了劲儿。缺了劲儿的日子就像长在墙头上的草，撑不了几天就会蔫头耷脑。”

一口水缸里，沉淀着一家人清清浅浅的光阴。脱贫奔小康的干劲儿有了，一点一点的希望，就从水缸里漫出来，流进一个个农家的庭院。

月色里，影影绰绰的是两人忙碌的身影。

5点多，第一笼蒸馍出锅，程秀建小心地把馍放到三轮车上，开始沿街叫卖。

上午10点多，他开始蒸第二轮馍，傍晚再次骑着三轮车走街串巷。

“我们从来没有间断过一天，想脱贫奔小康就得干。”自己的美好生活要靠自己的双手干出来，老程明白这个理。

老程的馍在临近的村子里是出了名的，只因他往自家白馍里配了一剂秘方，惹得村里很多人都爱吃他家的特色甜馍。

馍里十年不变的甜味，印证着老程两口子十年如一日的汗水涓滴。

然而就在几年前，老程家还是村里有名的贫困户。

说起第一次到程秀建家的情景，韩婧到现在还记忆如新。

2015年1月，时任兰考县统计局副局长的韩婧作为一名扶贫驻村工作队队员，来到了谷营镇爪营四村。

初来乍到，韩婧的第一件事便是挨家挨户摸排村里贫困户的情况。听说爪营四村有几户人家以卖馍为生，其中有个叫程秀建的卖得不错，韩婧决定先去他家看看。

三间低矮平房，墙砖在外边裸露着，用手一碰就掉落。这是韩婧对程秀建家的第一印象。

“当时老程夫妻俩加上两个孩子，就挤在其中一间屋子里住，剩余两间老程用来做馒头和堆放杂物。”韩婧说。

当时老程家蒸馒头用的是柴火、竹屉子，设备落后，做出来的馒头并不多，每天也就300来斤。

韩婧听说了老程家卖馍，驻村之后就买了他家的馍吃，发现味道确实和其他家的不同，比一般的馍香甜些。一问才知道，老程家的馍里有一剂秘方：馍里用了从面瓜里提取的酵母。

但问题是，老程家馍的销量一直上不去。

“他家馍是好吃，但是环境太脏了，不想去买。”环境差——这是街坊邻居的普遍看法。

夫妻俩起早贪黑，凌晨两点就起床和面，忙到早上再推着三轮车上街叫卖，一天下来也只是挣100元——挣一点钱，才够家里两个孩子的学杂费。

勤劳——这是程秀建一家给韩婧留下的印象。

韩婧的直觉告诉她，老程家有希望。他的贫困不在思想上，只是缺乏资金、缺少计划。韩婧决定，从老程家着手，让他们给贫困户做个示范，让他们的日子好起来。

2 “量身定制”的脱贫秘方

韩婧先是把老程家的功课做足。据她了解，老程家是勤勤恳恳的兰考农民，他家的馒头作坊也在村里有点名气。但村里的人说起老程家，除了知道他家的馍蒸得好以外，还知道他的家庭负担很重：

两个孩子一个在郑州上大学，一个在当地读高中，仅靠家中两亩薄田的收入和卖馒头的微薄补贴，日子过得紧巴巴。

从2008年开始，程秀建为了增加收入，开始和老伴蒸馍来卖，但是老程家的馍产量小、销路窄，对于老程一家人的开销来说只是杯水车薪。

2015年1月，兰考向全县115个贫困村派驻了扶贫工作队，韩婧身在其中。

驻村之前，韩婧长期在县直机关工作。驻村工作期间，跟着农民同吃同住，让韩婧对农村工作有了零距离的体验：农村工作千头万绪，必须深入其中，实事实干，千万不能搞“盆景式”的花架子。

说干就干。韩婧在进一步了解程秀建家中情况时发现，“因学致贫”是程秀建家一直贫困的主因。韩婧和工作队讨论之后，觉得老程家馒头的秘方或许是一家人脱贫的关键所在。

一听县里来的扶贫干部要用自己每天卖的馍帮自己脱贫，老程心里一开始确实有些没底——自己家做馍的机器不好，产量不大，销路更是窄，一天也卖不了多少斤，怎么能靠这馍解决脱贫问题呢？

韩婧劝他：“老程，这次为期两年的扶贫工作，兰考县委在扶贫思路上进行了创新，要求我们就是要牢牢把握‘精准’两个字——扶贫对象精准识别，扶贫产业一村一策。现在你们家里卖馍，这是你们家的特色，我就要来精准地扶你们家的贫了。”

韩婧和工作队开始为老程“量身打造”脱贫计划。

首先，工作队帮老程办下了卫生许可证，因为作坊的环境提升是重中之重。然后，韩婧给老程家办下了营业执照，让老程家的馒头走上正规生产的路子。

证件齐全了，蒸馒头的设备也要更新。韩婧协助老程家贷款3万元买来了和面机，蒸馒头的竹屉子也换成了铁笼子……通过韩婧和工作队的一系列帮扶措施，解决了老程不正规、缺资金的困扰。

有了新设备，程建秀和老伴儿脱贫致富的干劲更足了，馒头销售量也由最初的300斤提升到1000斤，生意最好的时候甚至卖到2000斤，每月的收入也从刚开始的1400元逐步升至4000多元，老程家的日子越过越好。

一上规模；二上品牌；三拉长链条，生产馍干馍片。这是韩婧和驻村工作队为老程家和爪营四村的馒头户制定的脱贫规划。她想让老程作为典型引路，让四村成为做馒头的专业村。

短短一年多的时间，老程家“上漏下涝”的砖瓦老房变成了有敞亮客厅、瓷砖红瓦的三层气派小楼，老程家一年的收入也达到了6万余元，成功在2015年底脱了贫。

放眼全村，想把爪营四村的馒头生产产业化，只有一户两户来蒸馒头可不行。韩婧和队员们经过认真谋划、仔细考察，有了新思路。

韩静再次来到有蒸馒头秘方的程秀建、张长江家中，建议他们帮一户、带一家，并协助规范馒头生产流程、逐步扩大经营、助推网络销售，走合作社发展的道路。

在工作队和像程秀建一样的蒸馒头户的合作下，爪营四村的馒头作坊越来越红火，爪营四村144户贫困户也全部实现脱贫。

3 “我给总书记写封信吧！”

2016年3月1日，程秀建把一个信封交给来家里采访的记者。

“这封信一定要带到北京啊！”

程秀建再三嘱咐记者。他想托记者在采访报道全国“两会”期间，把这封信交给习近平总书记，代表兰考的广大农民向习近平总书记对兰考的关心表示由衷的感谢。

为什么一位普通农民要给总书记写信呢？

其实，起因是半个月前一场北京与程秀建家里的视频连线，让这个兰考县的基层老百姓感受到了习近平总书记的牵挂。

2016年2月19日上午，来到新华社调研的习近平总书记通过新华社远程指挥系统，与正在兰考县谷营镇爪营四村进行基层干部作风调查报道的新华社记者双瑞进行了视频连线。

双瑞当时在采访的，正是程秀建一家。

程秀建说，自己当时只顾着接受采访，并没有过多注意视频，但他知道视频那头的人就是习近平总书记，而自己家小院里的场景和自己做馍的故事，也通过视频传给了远在北京的习近平总书记。

“从没想过与总书记的视频连线会发生在自己家中！”总书记视频连线在自己家中采访的记者、自己靠卖馍脱了贫、住上了三层小洋楼……这些都是程秀建从前做梦都没想到的事情，如今都成真了。

新华社记者双瑞对这一段经历同样感触颇深。她说，老程的身上具有兰考百姓脱贫的代表性。兰考县的脱贫工作受到各级重视，那次采访从精准扶贫、脱贫方面入手，反映干部作风的转变，而程秀建家正是在干部带领下于2015年脱贫，其中驻村工作队给他“量身定制”的脱贫秘方，帮助程秀建一家较快走出贫困生活。

每每回想起这次视频连线，老程总觉得自己表达得不够好，左思右想都觉得要想办法更多地和习近平总书记说说自己的心里话。

这天晚上，老两口忙了一天睡下，老程辗转反侧睡不着。

老伴徐金鸟轻声问一句：“怎么了？半天不睡觉？”

老程说：“我还是想写点东西，你起来帮我一起写吧。”

下了床，打开灯，从作业本上撕下两页纸，程秀建口述，徐金鸟执笔，一句句充满着兰考农民对习近平总书记朴素情感的话语跃然纸上——

尊敬的习主席：

您好，我是兰考县谷营镇爪营四村村民程秀建。我代表兰考所有农民给您写这封信。

这两年我们兰考变化非常大，俺家也有很大的变化。我现在靠卖馍生活，驻村领导帮我贷款买和面机，去年年底我脱贫了，家里也盖了三层新房。

以前家里住得不好，是漏雨的瓦房；卖馍生意也不好，没有机器，蒸馍很慢，卖得也慢。现在一切都好了，虽然有贷款，也不富裕，但我很知足，天天蒸馍要夜里一点就起来干，我现在一天能卖1000斤馍，比以前多了很多，家里的两亩地转租给了别人，也能有收入。

现在，两个孩子一个在郑州当老师，一个在县里上高中，全家生活很幸福。

听说今年年底兰考就要全县脱贫，兰考您来过很多次，现在的变化得感谢您！

我代表兰考所有村民，感谢政府，感谢驻村干部，我们欢迎您再次来兰考做客，尝尝我家的大白馍！

此致！

徐金鸟　程秀建

2016年3月1号

2016年3月2日的北京，暖风徐徐。

上午9点多，怀揣着一位兰考普通农民的嘱托，记者穿过繁华的长安街，在中南海附近的一家邮政支局，将一封信件小心翼翼地投进了邮筒。这封信的信封上写着“中共中央办公厅转习近平主席收”，而落款写着“河南省兰考县”。

脱贫以后，老程的梦想变得更大了——他想给自己的产品增加一个品种，在蒸馍的同时蒸花卷。

蒸花卷需要花卷机，老程打听了花卷机和其他相关设备的费用，前前后后预计得有6万元钱的费用。

为了盖这栋三层小洋房，老程把家里的钱基本上都花得差不多了，这6万元钱怎么也凑不出来了。

老程没办法，只得再找到韩婧，请她帮忙想想办法。

韩婧知道这件事情后积极咨询，联系银行。2016年4月，兰考针对贫困户推出房用贷，借此机会，老程顺利贷出贷款，买到了新设备，扩大了销路范围，心里别提多高兴了。

在驻村工作队的帮助下，老程的生意越做越大。他满心欢喜地谢过韩婧，也把这当成自己勤奋的回报。

4　蒸出来的致富经

其实，老程家的成功脱贫，也在无形中帮了韩婧的忙。

2015年，刚来爪营四村的韩婧，感觉到有些犯愁。

“当贫困户很光荣！”“凭什么我要比其他人干更多的活儿？”这些充斥着不劳而获落后思想的话，竟然就出自爪营四村一些贫困村民口中。

韩婧用一个月时间走访了村子里的每家每户，发现村子里贫困户“等、靠、要”的思想很严重。一些贫困户等着跟政府拿低保、领救济；一些边缘贫困户因为没有被划归贫困户而对政府意见很大。

扶贫先扶志。韩婧和工作队队员将四村的199户贫困户分成10组，每周分批给他们做思想工作。两轮下来，渐渐有了成效，“要想脱贫得靠双手”慢慢成了村里贫困户的共识。

先富带后富。韩婧觉得，只有村子的经济发展好了，大家才能在思想上更加积极。于是，韩婧找到程秀建、潘春婷——这两个人在村子里是出了名的能干。韩婧想，如果能先在村里培养出几个致富典型，让村民们见证着他们一步一步通过自己勤劳的双手摆脱贫困奔小康，这样就能带动其他贫困户产生主动脱贫的意识。

随着老程家通过“量身定制”的脱贫计划和自身努力顺利脱了贫，韩婧的这一计划也向前推进了——不仅其他贫困户看在眼里、有了触动，还有一家贫困户看见老程家靠卖馒头脱了贫、盖上了新房，便主动找到韩婧，想让她帮着找贷款，自己也开始做馒头。

爪营四村约有3400口人，耕地却只有2440亩。要脱贫，必须有家庭工资性收入和种植、养殖家庭生产性收入。韩婧通过调研，总结出“先富帮带后富、扭转贫困思想”的工作思路。

为了快速帮助贫困户脱贫，韩婧和工作队制订了详细的计划。

一是调研，详细掌握贫困户的情况。韩婧为爪营四村的每家贫困户设计了一张收入调查明细表，表格中涉及致贫原因、家庭收入和家庭支出情况等。仅家庭收入情况就包含了家庭工资性收入、家庭生产经营性收入、各类补贴收入三大类，而各类补贴收入又包括了农业生产补贴、计划生育金、低保金、养老保险金、生态补偿金五项。“不精细，扶贫思路就不会精准。”韩婧说。

二是找到并发展能推动贫困户脱贫的产业。在走访中韩婧发现：爪营四村人多地少且人员混杂，想发展乡村旅游不具备先天优势，只能另谋出路。像程秀建家蒸馒头、潘春婷家规模种植山药，这些都是韩婧在走访中筛选出来的，既能帮助贫困户脱贫，又有发展成产业、打造爪营四村特产的可能。

三是想方设法为贫困户制订切实可行的计划。像蒸馒头的程秀建家，韩婧和工作队制订出“一上规模；二上品牌；三拉长链条，生产馍干馍片”的方案，步步为营，帮助四村打造馒头产业。

同样的计划也在潘春婷家展开。驻村工作队来之前，她已有种植山药的经验和规模。了解到她一心想创业，又苦于缺乏资金，韩婧数次到她家作坊里摸情况，在当地党委、政府协调下贷款20万元，条件是小潘要尽可能多地安排村里贫困户劳动力来打工。20万元的贷款注入后，潘春婷的种植规模扩大了1倍。

在韩婧看来，还有一点尤为关键：时刻跟踪贫困户发展情况。老程家的馒头生意渐渐有了起色，但是想扩大生产需要新的蒸馒头设备，老程一时拿不出这么多资金，韩婧了解情况后，积极协调，又帮老程贷款6万元买了花卷机，老程家的馒头生意实现了“产业升级”。

2020年春节前，腊月二十二这天，正是老程家最忙的时候。

“年根订馒头的人多了，得抓紧干啦。”忙里忙外，老程夫妇一直没有停下忙碌的脚步，他们心里记着从前生活的艰辛，所以此时更不能懈怠。

回想起自己的脱贫经历，老程感慨万千。10多年前，老程家里只有两亩薄田，程秀建和老伴儿还有两个上学的孩子要供养，家里实在揭不开锅了，所以开始蒸馒头、卖馒头，补贴家用。

虽然有了蒸馒头的收入，但家里的日子还是紧紧巴巴。直到2015年初，县里的驻村工作队来到了爪营四村，给老程家带来了脱贫的希望。

在韩婧和工作队的指导和帮扶下，老程家新房子盖起来了，作坊也换上了新设备，馒头卖得越来越好了……

2020年的老程，家里日子越过越顺。

在郑州当小学教师的大姑娘程珊珊，有着安稳的工作，还给老程家生了一个外孙。

老程的小儿子也已经上了大学，主修电子商务专业，每逢放假都回来帮着家里干活，替老程分担了不少。

老程家的院子并不大，但蒸馒头的人可不少——老程家的生意做得红火，大家都来帮忙，浓浓的年味，就这样在小小的院落里满溢开来……

第十一章

从“兰考之问”到“兰考之美”

兰考县委书记蔡松涛说，兰考的脱贫道路并不新鲜，它是焦裕禄走过的路，是习近平总书记反复指出的共产党员应该走的路。“它就是重新唤起的共产党人的初心！”

初心不忘，方能脱贫。

1 围墙拆掉之后……

轰隆——轰隆——

2015年9月8日一早，几辆工程车大张旗鼓地开进县政府大院。

大院外，里三层外三层挤满了看热闹的群众。

“噫！弄啥嘞这是？”

“噫！县里领导又盖新屋嘞？”

对于兰考来说，这天是个极具纪念意义的日子。几辆工程车将存在30多年的政府大门、围墙及西侧的临街楼房一一拆除，随后种上绿化树，昔日“神秘”的政府大院变得一览无余。

拆除政府大院的围墙，只是第一步。

9月11日，兰考县召开城市综合提升工程动员大会，时任兰考县县长蔡松涛在会上说：“要实施拆墙透绿增绿工作，打破各个单位封闭的格局，构建大型开放空间环境和绿色活动空间，让市民与单位共享园中景色。”

随后几个月内，兰考县人大、政协大院的围墙拆掉了，局委机关的围墙拆掉了，“三馆两场”（图书馆、文化馆、体育馆、体育场、文化广场）的围墙也拆掉了。

取代围墙的是一道道低矮的绿化带，一片片绿地。之前被围墙包围起来的停车场、篮球场、羽毛球场、自行车停靠点、厕所等设施，不再是“机关专属”，全部免费对外开放。

蔡松涛看着工程车四处轰鸣作业，心里终于踏实了许多。这下，政府和百姓的距离总算拉近了。他知道，这几辆工程车，拆掉的不只是围墙，它找回的是焦裕禄当时心里装着全体兰考百姓的踏实感。

此事在网络上传开后，曾力主拆除围墙的蔡松涛觉得这事不值得多说，“就是很平常的事儿，也应该做，我们做了而已”。

他明白，兰考的改变，或许才刚刚开始……

2 在实干中回答“兰考之问”

2014年5月14日，一个平凡而又伟大生命的祭日。

县委书记的榜样——焦裕禄，离开我们整整50年了。

河南兰考县的焦裕禄墓园，汇聚了潮水般前来祭奠的人们。

在这个时候，时任兰考县委书记王新军感受到的是一种沉甸甸的压力。很多人向他发出了“兰考之问”：兰考守着焦裕禄精神这笔财富，为什么50年了经济仍然比较落后，还有将近10万人没有脱贫？兰考群众基础好，为什么还有不少上访户？

在县委常委民主生活会上，王新军反思自己：刚来兰考也有满腔热情，但是，面对种种困难和问题，激情和斗志逐渐冷却了、退缩了。

一事当前，摆困难多、讲客观多。与焦书记“拼上老命大干一场”的奋斗精神相比，自己明显缺少了几分对事业的执着和责任担当。

50多年前，1962年12月。

到兰考的第三天，焦裕禄就说：“兰考是个大有作为的地方，问题是要干，要革命。”

50多年后的今天，出入兰考县城的必经之路上，每个兰考干部都会看到一座焦裕禄铜像，铜像挽起裤脚，双手叉腰望向远方，让人马上联想到焦裕禄带领人民群众战天斗地治风沙的那段岁月。

然而，“兰考之问”却道出一个百姓们疑惑的事实：焦裕禄精神似乎凝固在了不动的铜像上，干部身上的干劲、闯劲反而越来越少，生怕干事出了差错，有损焦裕禄精神发源地的形象，担当精神和创新精神不够。

“听了不信，看了不服，回来不干。”这句话形象地描绘了一段时期内兰考的干部状态。

“兰考首要的不是经济贫困，而是思想贫困。”蔡松涛说，有些兰考干部片面理解焦裕禄精神，只看到焦裕禄艰苦奋斗、无私奉献的一面，看不到焦裕禄科学求实、迎难而上的一面。“把政治大县的身份当成包袱，求稳怕乱思想严重。”

2014年3月18日，习近平总书记在兰考县委常委扩大会议上讲话时指出，要准确把握教育实践活动实践载体，把学习弘扬焦裕

禄精神作为一条红线贯穿始终。习近平总书记还明确指出：“把兰考发展潜力转化为发展优势，根本靠改革。”

“学习和弘扬不光是精神的传承，更重要的是把精神转化到兰考发展现实中去，勇于担当，大胆改革，这才能体现焦裕禄精神的强大生命力。”蔡松涛说。

“大胆改革”4个字，说易行难。蔡松涛知道，此时的兰考干部承受的压力可能是比焦裕禄之后任何时期的干部都更大，但他明白，兰考不能再错失脱贫攻坚的发展契机。

根据中央统一安排，中央政治局常委在第二批党的群众路线教育实践活动中分别联系一个县。习近平总书记联系兰考县。习近平总书记分别于2014年3月中旬、5月上旬两次到兰考就教育实践活动实地调研，参加兰考县委常委班子专题民主生活会，指导当地教育实践活动。

面对总书记的嘱托和全国人民的期盼，兰考县委、县政府郑重作出了“三年脱贫，七年小康”的承诺。

“我们不怕有问题，怕的是发现不了问题。”蔡松涛说，在脱贫攻坚实践中，全县各级党员干部不断解放思想，大胆改革创新，在“改”中发现存在的问题，在“干”中找回发展的自信，生产力得到进一步解放，发展活力得到进一步释放。

兰考怎么改？

——围绕“人”改。树立了鲜明的用人导向，评选表彰两批共70名“驻村扶贫工作标兵”，用标兵的示范作用引领脱贫攻坚工作。在2017年乡镇党委换届中，提拔重用一线干部58名，其中39名是脱贫攻坚一线干部，5名优秀村党支部书记进入乡镇党委班子。

——围绕“事”改。整合相关部门职能，成立县委、县政府督查局，建立大督查机制，对重点工作实行台账式管理、常态化督查。创新服务企业机制，成立企业服务中心，实行“局长+1”管理模式，全程代理入驻企业手续办理。

——围绕“钱”改。探索建立政府主导、金融支持、企业发展、风险保障“四位一体”的金融扶贫模式，为脱贫攻坚提供了有力的金融支持。先后拿出3000万元风险补偿金，为贫困户发放贷款3亿元，培育壮大小微企业和新型农业经营主体。

把政府机构职能理顺、打通改革中的“断头路”和“中梗阻”，兰考的创新发展之路才会走得更稳当、更长远。

按照习近平总书记调研兰考时提出的“**把强县和富民统一起来，把改革和发展结合起来，把城镇和乡村贯通起来**”的要求，兰考县委、县政府以脱贫攻坚统领经济社会发展全局，85万名干部群众勠力同心，开拓奋进，用不到三年时间，让兰考由内至外实现了从“一个县”到“一座城”的转变。

——群众收入持续增加。2016年，城乡居民人均可支配收入分别为21124元和9943元，较上年分别增长7.5%、9.6%，增速均居河南省直管县第一位，比三年前分别增长10164元和4297元。

——经济实力不断增强。2016年，兰考实现“十三五”良好开局。全县完成生产总值257.6亿元，较上年增长9.4%，增速居河南省直管县第二位。

——城乡面貌显著变化。在中心城区，成功创建国家园林县城、国家卫生县城、省级文明县城、省级生态县；在农村，115个贫困村全部硬化了村内主干道，实现了广播电视户户通，城乡公共服务差距进一步缩小。

量变最终迎来质变。

经过不同层级组织的多轮第三方评估调查，2017年2月24日，国务院扶贫办函告河南省扶贫开发领导小组，经国家组织的核查评估，兰考县综合测算贫困发生率1.27%，符合贫困县退出标准。

2017年2月27日，国务院扶贫办和河南省政府正式批准兰考县退出国家级贫困县序列，如期实现脱贫摘帽。

半个多月后的4月18日，兰考县举行稳定脱贫奔小康7000人誓师大会，全县各地的扶贫干部聚在了一起。

那天，大家非常激动，可议论也随之而来。有人说：下了大劲沉下来扶贫，现在要不要歇口气？有人驳：人撤不得，事业正爬坡，村班子一时扛不动！马上有人接：输血又能到几时？

前面没现成的先例，敢尝试、敢创新，办法总比困难多。中央要求力量不变，队伍不散，不能教条为人员一个不能动。相反，通过源源不断的“新陈代谢”，农村才能成为练本事、出干部的“大学校”。据统计，自2015年脱贫攻坚以来，兰考提拔重用的222名科级干部中，144人来自扶贫一线。

也是在这次誓师大会上，蔡松涛提出了到2020年兰考县要达到的“小目标”——全县生产总值达到380亿元，年均增速10%左右；人均生产总值达到5.5万元，年均增速7.9%以上；实现工业增加值达到160亿元，年均增速11.1%以上；固定资产投资达到350亿元，年均增速16%以上；社会消费品零售总额达到155亿元，年均增速13%以上；一、二、三产比重调整为9.8∶45.2∶45；城镇化率达到56%，城镇人口达到40万人；城乡居民人均可支配收入达到2.2万元，年均增速13.1%，人民生活水平全面提高，社会保障全民覆盖，基本公共服务均等化总体实现。

蔡松涛在讲话中提到，目前全县还有7000多人生活在贫困线以下，近2万人刚刚越过贫困线，我们必须在脱贫的稳定性、持续性上下功夫、做文章。做好兰考脱贫工作，最根本的就是要深入贯彻落实总书记“把强县和富民统一起来，把改革和发展结合起来，把城镇和乡村贯通起来”的重要指示精神。结合兰考实际，全县各级领导干部要坚定不移以稳定脱贫奔小康统揽经济社会发展全局，坚定不移用新发展理念引领发展新实践，坚定不移落实以人民为中心的发展思想，坚定不移把改革作为激发内生动力的关键，坚定不移把开放作为繁荣经济的战略举措，坚定不移坚持高标准的工作理念和精品意识。

刚刚摘掉贫困县帽子的兰考，面临的新问题并不少。

全县经济总量偏小、综合实力还不强；主导产业竞争力还没有完全形成，对发展的支撑作用还没有得到充分发挥；城镇化水平偏低，城乡一体化发展任务艰巨；教育、医疗、养老等民生事业还需大幅提升，公共服务供给能力还需进一步加强。

对此，蔡松涛在这次誓师大会上提出了一系列举措：继续推进转移就业扶贫、产业扶贫、社会保障扶贫；建成总规模190亿元的兰考科技产业园、国家级循环经济产业园、装配式绿色住宅产业园、新能源智慧产业园；再引进世界500强企业6家以上、全国门业10强企业3家以上；完善就业创业体制机制，年均发放创业担保贷款1.1亿元以上，年均新增城乡就业3万人以上；打造10分钟健身圈、10分钟生活圈和10分钟休闲圈……

在这次誓师大会上，一项遍及全县乡村的“支部连支部、加快奔小康”活动同时启动。活动在全县机关企事业单位党支部和农村(社区)党支部中开展，活动对象为机关企事业单位全体在职党员、农村

(社区)全体党员、入党积极分子。活动以共谋共建共享小康为重点,以党支部结对共建为载体,积极探索城乡基层党组织优势互补、共建共享、共同提升的有效形式,构建以城带乡、城乡共建、共同发展的基层党建工作新格局。

“活动就是要着力解决机关基层党组织功能弱化、活动虚化、作用淡化的问题,着力解决农村基层党组织引领作用不突出、服务功能不完善、党员管理不严格的问题。”蔡松涛说,“要以活动的开展切实把稳定脱贫、全面建成小康社会的各项任务落到实处,推动兰考经济发展再上一个新台阶。”

经过脱贫攻坚进程中的实干,蔡松涛对于肩上的这份责任有了更深的理解。他说,脱贫、奔小康的意义不仅在干成大事,也在干部能力的提升、内心的锤炼。“对群众的那股亲劲、抓工作的那股韧劲、干事业的那股拼劲”不是凭空来的,是在风里、泥里、太阳地里干出来的,成了身上一部分,乘胜追击、乘势发展会上瘾,所以才会一心想着向前冲,总也不松劲。

蔡松涛一直相信自己是个实干派。他不喜欢讲道理,但有一个道理他始终认为必须要讲清楚:**为什么还是这片土地,还是这群百姓,还是这批干部,兰考这几年发生了翻天覆地的改变,关键就在于脱贫攻坚的号角破除了束缚,激发了干劲,把兰考人想干事、能干事的劲头鼓起来了。**

兰考，是在实干中回答“兰考之问”。

3 “小步快跑”，不改初心

让我们把视线转回到兰考葡萄架乡。

葡萄架乡并不盛产葡萄。这个乡有个老故事。

听老人们讲，100多年前，一户姓洪的人家在官道旁搭起了简易的葡萄架，摆摊卖茶水。天长日久，每当过往客商、行人碰到一起，就会说：“到葡萄架底下再歇。”慢慢地，葡萄架就成了村、乡的名字。

葡萄架乡地处黄河故道，土地盐碱度高。葡萄架乡杜寨村人介绍，如果向下挖40—60米，水就又涩又咸，用这水浇灌庄稼，浇一片死一片。一直以来，这块土地上能种植的作物主要就是低产的玉米和小麦。

这样一来，如果按户均5亩地算，靠每亩年收入六七百元的玉米和小麦，脱贫根本没指望。村里人想过很多办法，养过牛、种过菊花，但都没成功。

对于土地上的劣势，杜寨村人不是没有抱怨过，但历史总是充满了辩证法。

2016年1月，河南省农科院园艺所副研究员常高正团队，以新疆哈密瓜为种源，成功培育出了新品种蜜瓜——玉兰香。经过走访调研和土壤检测，专家把目光锁定在了杜寨村：兰考县葡萄架乡杜寨村的弱碱性沙土，特别适合蜜瓜种植。

原先土壤上的短处，如今反倒成了优势。“荒凉也可以逆袭”，杜寨村迎来了转折。

如何最大限度地利用土地？专家指出，玉兰香蜜瓜一年能收春秋两季，可以采取“两瓜一菜”的模式，即“早春蜜瓜＋秋延蜜瓜＋越冬蔬菜”的种植模式，最大限度利用土地。

如果这一模式被成功运用，那么在市场销售上，冬春茬蜜瓜 5 月底 6 月初上市，同一时期，新疆哈密瓜还没成熟，海南蜜瓜已销售完毕，正是兰考蜜瓜上市黄金时期；秋茬蜜瓜 9 月底 10月初上市，临近国庆中秋，正是销售旺季……

蓝图画好，接下来就是撸起袖子加油干了。

恰恰这个时候，杜寨村的乡亲们犹豫起来，互相观望。一听说要推平田地盖瓜棚，没有一个人响应。毕竟，尝试新事物总是有风险的，而这脚下的田地，就是乡亲们的命。拿命做赌注，这让饱尝穷苦生活的乡亲们实在难以下定决心。

这时，在退缩的人群中，一个人站了出来。

他是杜寨村村支书李永健。

39 岁的李永健，目光炯炯，皮肤黝黑。

他担任杜寨村村支书已有八个年头。之前也在外打工，做过粮油买卖，做过小包工头，用他自己的话说，就是“基本上啥脏活儿、苦活儿、累活儿都干过”。

2016年，在杜寨村决定是否引进蜜瓜种植的关键时刻，李永健决定带头。只有干出点看得见摸得着的效益来，才能打消乡亲们的疑虑。

当年2月，杜寨村村委、驻村扶贫工作队集资1500元，在当时的老村室院墙后头，开辟了第一块试验田。

李永健和村里一个贫困户，各搭起一个不到1亩地的瓜棚，共同成为全兰考蜜瓜种植“第一人”。为鼓励这个贫困户，村里还单独给他发7000元到户增收资金、免费送果苗，打消了他对种蜜瓜会赔钱的顾虑。

刚下种的时候，村民们常来瓜棚前观望，不时也点评几句。有人说：种蜜瓜肯定失败，盐碱地咋可能长出蜜瓜？也有人说：即使是这蜜瓜种了出来，谁能保证又甜又好吃？

令人意想不到的是，瓜苗长势喜人，很快就结了果。两个多月过去，成熟的蜜瓜水分多、口感甜，产量也高。

李永健的眉头也舒展了开来。每次见人来访，他就拎出一把瓜刀，扯张报纸，现切一个蜜瓜，让来人先尝尝再说。

当时兰考还没别的地方种蜜瓜，因此不愁销路，卖完瓜一算账，每棚收入达6200元。相比小麦、玉米，种蜜瓜收入高出近10倍。一年能种两季瓜，意味着每年每亩地光卖瓜就能赚1万多元。这绝对是振奋人心的好消息。

见了效益，乡亲们信心足了。李永健当机立断，要村委班子抓住时机推广，党员干部带头。“不种瓜的，不让他当村干部”，李永健开玩笑说。

当年6月底，杜寨村新建了45个棚。杜寨村民、村干部自发的脱贫努力，引起了县里重视。县里马上拿出激励政策来：凡是建设蜜瓜大棚，每亩地提供5000多元的设施农业奖补资金，大棚的保险费用也都由政府承担；又通过合作社提供贷款100万元，2016年底帮村民建起160多个瓜棚。

这样一来，有了政府的支持和补贴，乡亲们也不用发愁赔了本没有钱赚，最后的顾虑也打消了。

2017年，兰考县有了第一个国家农产品地理标志产品——“兰考蜜瓜”，当年又申报了绿色食品认证。

县委领导也主动帮着找销路。李永健回忆说，2016年10月，兰考县委书记蔡松涛带着他去了趟北京，在那里与北京新发地果蔬批发市场进行对接。作为对兰考的帮扶，新发地免费批给了两间门面房，对兰考农产品进行展销。就在那里，李永健成功对接了几个大客户。

2017年10月，蔡松涛在党的十九大“党代表通道”中，对兰考蜜瓜的一番热情推介，更是让兰考蜜瓜在中外记者和全世界观众面前，着实“火”了一把。

由于抓得早，杜寨村的蜜瓜产业开始向上下游延伸。

不仅自己种瓜、卖瓜，杜寨村还向外输出技术。村里成立了大棚施工队、技术团队，专门去别的村给人建大棚、指导种植。

接下来，李永健考虑的是蜜瓜深加工产业。

“瓜也分级别。一级瓜出省，二级瓜出市。剩下一些不好看、不好卖的三级瓜，就深加工成蜜瓜干、蜜瓜罐头、蜜瓜醋，也能换成钱。大伙的汗水和辛苦可不敢白白地烂在棚里、扔在地上。”杜寨村稳定脱贫奔小康工作队队长张静说。

如今，兰考蜜瓜远销北京、深圳、苏州、嘉兴、杭州和广州。2017年开始，通过上海一家外贸公司还出口到了新加坡。

对杜寨村人来说，种植蜜瓜不仅改善了大伙儿的经济状况，也丰富了人们的职业选择，提高了生活质量。

到了2019年，杜寨村蜜瓜蔬菜大棚已有470多座，特别是新近盖起的两座大棚引人注目。

新建的大棚不仅每座占地6亩，还会“自己盖被子”。天色渐晚，大棚能自动拉起一层保温“棉被”。原来，大棚管理用手机控制，设定好温度，能自动开合通风。

李永健说，两座棚是入冬前抢建的，头茬菜赶在新年种瓜前，给村里做示范。只要村民们看在眼里，觉得这大棚能行，开春村民们就都愿意盖这样的棚了。

虽然像这样的大棚最少都要投资35万元，但李永健说，只要有了产出，一年多就可以回本。“起先种瓜是为了脱贫，现在是为了争分夺秒抢发展。”

脱贫摘帽三年后的今天，兰考不仅不松劲，还处处透出“小步快跑”的紧迫感。

2017年2月27日，兰考正式退出贫困县序列，紧随其后，兰考在当年又出台《兰考县乡村振兴战略规划(2018—2022年)》。规划按照产业兴旺、生态宜居、乡风文明、治理有效、生活富裕的总要求，在认真总结脱贫经验和发展成效基础上，高标准、高质量推动农业农村现代化建设，实现兰考乡村全面振兴。

与此同时，杜寨村“两瓜一菜”的模式也开始向邻村、邻乡推广。

有人站出来质疑：瓜菜轮茬种，地力跟得上吗？

村民抓起一把土：用羊粪肥田，地壮着呢！

距离杜寨村蜜瓜蔬菜大棚不远的地方，是中羊牧业公司的一处养殖小区。在这里，湖羊养殖正以一种新模式蓬勃兴起。

啥模式这么火？请群众给羊当“月嫂”。贫困户赵军罗，儿女小、负担重，生病又花销大，但最近三个月收入共3万多元。他以自己为例，解释了啥叫“羊月嫂”：这是县里优选的企业合作模式。企业考查个人的信用后，为他担保贷款，给他怀孕母羊，让他在专门养殖小区“陪产”，小羊断奶后或育肥或育种，由企业来回收。成本、技术、市场的风险由企业承担，但羊是他的资产，一年忙不过三个月，年收入就有6万元以上。

火的不只是羊。几年间，兰考鸡、鸭、牛、羊、驴的养殖成为强县富民的主导产业，规模接连往上翻，上下游发展齐全，点线连成片，汇成组合拳。负责农业工作的副县长闫玮介绍，兰考本没什么基础发展出蓬勃的养殖业，是扶贫打下了底子。摘帽之后短短几年间，产业壮大相互配合，产业优化再加以取舍，经过淘洗的产业已呈迸发之势。

大养殖蓄势而起，要依托饲草。兰考是农业大县，耕地要种粮，牛羊多了，草从哪里来？兰考过去治“三害”种的是泡桐。如今兰考的土质，又吸引到一种新树种：杂交构树。它是饲养牛羊的上好原料。

马小兰是内蒙古人，多年前接触到构树，便开始在全国各地跑推广，多年来收效平平。当她带着树种到兰考，干部围着她的需求抓推进。办公场地、炼苗大棚、土地流转补助、种苗补贴、农机补贴、保护价收购……落地兰考后，构树迅速破万亩，县里在黄河滩区划出

10万亩的种植规模。

在培育中心，模拟阳光照射，每个小小的玻璃瓶里，都生长着15株树苗。很难想象，兰考每年输出1.5亿株构树，按每亩1200株计算，国家一年就增加10余万亩的饲料面积，每亩可年产6—10吨鲜料。

如今，新树种进入加速生长状态，老树种泡桐也未远去。因为焦裕禄当年带着乡亲们种下泡桐，后来兰考闫楼乡、固阳镇等地形成了板材加工行业。可是原材料效益低，要拉往周边，甚至到外地找销路。“本地种树，外地乘凉”成了兰考人的一个心病。

在脱贫攻坚以来，借力板材传统，兰考铆足劲发展家居产业。不少长三角、珠三角和京津周边的家居产业正有意向中部布局。在此基础上，由恒大集团牵头，一期项目就引入了6家上市企业，拉起一片亚洲规模最大的综合家居园区。当下，一期项目已投产，二期项目正在招商，预计今后将辐射带动数万人就业。

辐射更强的还有富士康的入驻。基于5G时代，富士康集团落地玻璃盖板项目。目前用工已达1万余人，预计未来上下游将拉动近10万个就业岗位。

点线连成片，汇成组合拳。

如今的兰考，各项事业齐头并进，全速开动的背后，靠的是一支全力运转的干部队伍。脱贫摘帽前，115个贫困村派驻着300多人的驻村队员。摘帽后，下沉人员不降反增，目前全县454个村庄，派驻着900多人的工作队，身后还有数倍人力支撑。只不过，原来的扶贫工作队，已更名为稳定脱贫奔小康工作队。

自兰考作出“三年脱贫，七年小康”承诺之后，脱贫摘帽仅用短短三年时间，兰考人民闯出的到底是一条什么路？

蔡松涛说，**兰考的脱贫道路并不新鲜，它是焦裕禄走过的路，是习近平总书记反复指出的共产党员应该走的路。**“它就是重新唤起的共产党人的初心！”

初心不忘，方能脱贫。

这是一个历史性的时刻，它必将长久影响兰考和兰考人民的未来。

尾声

会它千顷澄碧

在兰考县城郊外宁静的夜里，停驻脚步，簌簌声不绝于耳。

仿佛是来自一位老者的隽语，言语之间的时光暗河，一直流进苍老的岁月里。

流光逡巡之间，很多以为早已逝去的印记，却总在岁月的沉淀中，缀满闪光的词语。

风过焦桐。

徜徉于焦桐林中，人们不禁会产生这样的疑问：为什么焦裕禄在兰考工作仅一年零四个月，就找到了多少辈人没有找到的除“三害”的办法？

答案并不复杂。

走进焦裕禄纪念馆，一辆50多年前的破自行车、一双50多年前的破胶鞋，记录着焦裕禄靠骑车、走路，踏遍了全县149个生产大队中的120多个，住牛棚下大田，蹲点调研。

在盐碱区，他经常抓一点碱土放在嘴里品尝，说出“咸的是盐、凉丝丝的是硝、又臊又苦的是马尿碱”——这让和盐碱地打了一辈子交道的老农目瞪口呆。

时任兰考县委通讯干事的刘俊生难忘那一个个镜头：无论瓢泼大雨、风沙漫天，别人往屋里跑，焦书记总是往外冲；为了弄清兰考水道，焦书记冒着大雨站在洪水中，扔下一片树叶，带着技术人员追着树叶测定洪水流向……即使在病重期间，他也拒绝只看材料听汇报。焦书记最常说的一句话是：“吃别人嚼过的馍没味道。”

“吃别人嚼过的馍没味道。”——时隔50多年，响在我们耳边这句朴素的话语，传递着深刻的思想哲理。

为了别人就是为了自己。

为了狂风暴雨中飘零的一片树叶，就是为了脚下的这片土地。

且听那簌簌的风吹过焦桐的声音吧，它在不紧不慢地倾诉这段史诗。

2018年10月1日傍晚，月亮爬上半空，悄然降临的夜幕给它披上一层轻纱。张庄村的幸福街上，闫春光刚刚锁上春光油坊的门锁。

开业不久的春光油坊，卖的是张庄人小时候的味道：芝麻盐、芝麻酱，还有古法压榨芝麻油，这天来张庄旅游的人有十几拨，都爱进来逛逛。关门时一结算，当天流水就有2000多元。

抬起头，从县里看戏回来的大爷文海清正从村头走过来。

“又去县里看戏了？”

“嗯，今天演哩豫剧《南阳关》，好看，好看！”

从2016年开始，县里决定把过去在各个村镇流动的戏剧舞台搬进兰考礼堂。几年下来，来看戏的人越来越多，带着烙饼的、搬着马扎的、背着望远镜的……机关开会专用的兰考礼堂，如今成了老百姓最好的休闲场所。除了每周两场的豫剧，还会放电影、演综艺节目，每年的280场次活动，给老百姓排得满满的。

十几个小时前。

“我刘墉离北京走了一月整，转眼来到南京城……”

10月1日清晨6点刚过，邻近谷营镇爪营四村的村巷里准时响起豫剧《刘墉下南京》的唱段——这是程秀建来卖馍了。

今天，老程特意在甑里多留了几个馍。女儿程姗姗说好了，要从任教的郑州启元特色实验小学回来看他。结果左等右等不见女儿进门，一打电话才知道：这几个月兰考变化太大，女儿差点迷了路！

以前上学的时候，即便一整年不回家，程姗姗闭着眼睛都能想见村里坑坑洼洼的泥泞路，可最近几年整个兰考都大变了样。听说兰考新修了一个占地1000多亩的金牛湖，她还特地跑去看了看——呀！大哩都不像在兰考了！好多老乡正在湖边钓鱼哩！

时代在推着兰考人往前走。

1962年冬，北风怒号，大雪纷飞，焦裕禄来兰考上任的第一天，在火车站里看着裹着棉衣、蜷缩在角落里准备逃荒的群众，泪止不住地流。

20世纪90年代，为了讨生活，兰考百姓又一次坐上火车，外出务工找活干。

如今，陇海铁路上那个破落的县级小站已经整修一新，现代化的高铁通往祖国的四面八方。目前，兰考本地就业和外出务工人数比例已达到74：26，更多外地人到兰考来投资兴业。

春节时节，正是返流高峰。在高铁兰考南站，最忙的是县里宣传招工的人员，他们等在站外，挂起“返乡大舞台，有你更精彩”的条幅，“家门口就业，拿沿海工资”不再是口号，而是事实。

曾经的灾难之源黄河也正成为幸福之源。2017年，兰考斥资数亿元开始修建金沙、金花、金牛三个湖泊，通过纵横相连的沟渠，让经过沉淀的黄河清水贯通全城，成为新兰考人居环境的“血液”，沉淀下来的黄河沙，则成为建设新兰考的“筋肉”。

曾经的兰考“一号风口”如今已草木林立，碧水荡漾，不时有水鸟前来觅食。兰考全县奋力推进的“兰考之变”，正在催生梦想中的“兰考之美”。

在蔡松涛看来，**兰考的脱贫攻坚、改革发展，就像手摇拖拉机，一手摇臂，一手按风门，刚开始很费劲，但挺过了开头，越往后就会越轻松，一旦到了某个点，松开风门，突突突几股黑烟冒出，自生动力就起来了。**

2009年4月1日，时任国家副主席的习近平赴兰考瞻仰焦桐后，在不远处亲自植苗、培土、浇水，栽下一棵泡桐，希望生生不息的焦裕禄精神在神州大地永远传承、永放光芒。

如今，习近平总书记当年手植的泡桐树已郁郁葱葱，同焦桐遥相呼应，传递着共产党人一脉相承的为民情怀。

不知什么时候起，潘秀山开始默默背诵习近平总书记的《念奴娇·追思焦裕禄》。他想把这首词配上自己的坠弦，唱给更多人听。

一天，乡里干部来他家里看望，他顺口一句："我能背下习总书记写的追思焦裕禄的诗句！"

人们不太相信。可他一字一句背了起来，尽管有些许磕绊，但他认真背诵的神情，让院里的羊都伸出了脑袋，静静地聆听着。

诵着诵着，潘秀山拉起曾跟着自己一起卖艺的坠弦。

低沉苍劲的歌声，与坠弦的丝丝缕缕、屋上喜鹊的喳喳啁啾、远处旷野吹来的柔柔风语，交织在了一起，像是这传奇的兰考唱不尽的岁月轮转、沧桑变迁。

魂飞万里，盼归来，此水此山此地。百姓谁不爱好官？把泪焦桐成雨。生也沙丘，死也沙丘，父老生死系。暮雪朝霜，毋改英雄意气！

依然月明如昔，思君夜夜，肝胆长如洗。路漫漫其修远矣，两袖清风来去。为官一任，造福一方，遂了平生意。绿我涓滴，会它千顷澄碧。

附录

“精神高地”走出“经济洼地”
——写在河南兰考脱贫之际

新华社记者 刘雅鸣 李亚楠 宋晓东

兰考脱贫了！

时间定格在2017年2月27日。经国务院扶贫开发领导小组评估并经河南省政府批准，兰考县成为河南省贫困退出机制建立后首个脱贫的贫困县。河南省召开新闻发布会正式宣布了这一消息。

作为焦裕禄精神发源地，共和国历史上很少有一个县像兰考这样，汇聚全国乃至全世界的目光。

然而，重重审视之下，一个沉重的疑问也一直萦绕在人们心头，这么多年过去，“精神高地”为何依然处于“经济洼地”？

2014年，第二批党的群众路线教育实践活动中，习近平总书记将兰考作为联系点，一年之内，两次亲赴兰考指导工作。面对总书记嘱托和全国人民期盼，兰考县委、县政府郑重作出了“三年脱贫，七年小康”的承诺。

从焦裕禄时期治理“三害”，到改革开放后摆脱贫困，兰考每一步前行，始终贯穿着一条红线，那就是共产党和人民群众的血脉相连。

正是依靠这种血脉相连催生的焦裕禄精神，兰考党员干部补强“精神之钙”，筑牢“作风之基”，带领人民群众，实实在在蹚出了一条决胜贫困之路。

决胜贫困，共产党人不变的初心

春日，阳光洒下，54岁的焦桐又到了开花的季节。

今年，到此追思的群众带来了“植树者”焦裕禄为之奋斗终生的好消息：兰考脱贫了！

这是值得历史铭记的日子，因为灾害和贫困曾深植兰考人的长久记忆中。

据《兰考县志》记载，自1644年至新中国成立的305年间，兰考发生涝灾90多次；自清朝咸丰年间至新中国成立的近100年间，兰考被风沙掩埋的村庄就有63个。1949年，全县97万亩耕地中，低洼易涝地12万多亩，沙碱地33万多亩，全县粮食亩产仅38.5公斤。

战胜贫困，是共产党人义不容辞的责任！

54年前，焦裕禄带领兰考人民除“三害”：风沙、盐碱和内涝——这是他经过大量调查研究找到的兰考贫困的主要原因。

改革开放后，“三害”在兰考成为历史，但贫困却始终是压在当地人民头上的“一座大山”。2002年，兰考被确定为国家级贫困县，从“外出要饭”到“向国家要饭”,贫穷似乎成了兰考人摆脱不了的标签。

贫困难道真的不可战胜?“活着我没有治好沙丘,死了也要看着你们把沙丘治好!”焦裕禄临终前的这句话,代表了共产党人向贫困斗争到底的决心。

2014年5月,兰考县委、县政府作出“三年脱贫,七年小康”的庄严承诺。

军令状立了,就要兑现。2016年,蔡松涛接任焦裕禄后第15任兰考县委书记。他说,一代代共产党人接力奋斗,带领兰考人民蹚过了一道道难关,持续向贫困宣战,把反贫困的压力变成持续发展的动力,我们有丰富的经验积累、有强大的制度优势,兰考战胜贫困的曙光已在眼前。

贫困户状况千差万别,兰考县针对不同原因、不同类型的贫困户,因村因户施策,制定了12项有针对性的具体帮扶政策。一个个脱贫故事在兰考大地上不断上演。

贫困户任杰通过种植温室大棚蔬菜,年收入近7万元,2015年实现脱贫,他所在的东邵一村,温室大棚由2014年的9座,发展到如今的212座,全村脱贫。

记者走访的十几个贫困村全都有了各自产业。徐场村利用泡桐发展民族乐器,全村有乐器企业54家,销售收入6000多万元;夏武营村143个贫困户中有135户通过种植蔬菜脱贫;赵垛楼村的哈密瓜种植等,也让一批贫困户脱了贫。

——群众收入持续增加。2016年,城乡居民人均可支配收入分别为21124元和9943元,较上年分别增长7.5%、9.6%,增速均居河南省直管县第一位,比三年前分别增加10164元和4297元。

——经济实力不断增强。2016年,兰考实现"十三五"良好开局,全县完成生产总值257.6亿元,增长9.4%,增速居河南省直管县第二位。

——城乡面貌显著变化。在中心城区,成功创建国家园林县城、国家卫生县城、省级文明县城、省级生态县;在农村,115个贫困村全部硬化了村内主干道,实现了广播电视户户通,城乡公共服务差距进一步缩小。

量变最终迎来质变。

兰考闯出的到底是一条什么路?面对来自全国各地人们关切的探询,年轻的县委书记蔡松涛总会这样回答:兰考的脱贫道路并不神奇,它是焦裕禄走过的路,是习近平总书记反复指出的共产党人应该走的路——共产党人始终不变的初心!

决胜贫困,唤起万千百姓加油干

在进入兰考县城的必经之路,有一座焦裕禄铜像,裤脚挽起,双手叉着腰望向远方。看到铜像的刹那，一股崇敬感油然而生。

然而，曾几何时，焦裕禄精神似乎凝固在这座铜像上。领导干部身上的干劲、闯劲越来越少，“有损焦裕禄精神发源地的形象”。老百姓“穷惯了”“熬疲了”，觉得兰考“也就这个样”。

34岁的兰考人代玉建几年前在郑州做生意时，每逢有人听说他来自兰考，十有八九会追问：“你们那还有人出去要饭吗？”到后来他见人只说自己是开封人。

“听了不信，看了不服，回来不干”成为一段时期里“背着包袱”的兰考干部的真实写照。兰考县委政法委书记吴长胜出生于兰考，在兰考工作了30多年。他说，兰考干部原来的口头禅是“兰考不行，咱学不来”，最擅长的就是上面让干啥就干啥，这样不会出错，不用担责任，因此，兰考错失了多次发展机遇。

“兰考首要的不是经济贫困，而是思想贫困。”蔡松涛说，有些兰考干部片面理解焦裕禄精神，只看到焦裕禄艰苦奋斗、无私奉献的一面，看不到焦裕禄科学求实、迎难而上的一面。“把政治大县的身份当成包袱，求稳怕乱，甩不开膀子就提不起劲，自己没动力谁也扶不起。”

“切实关心贫困群众，带领群众艰苦奋斗，早日脱贫致富”，三年前习近平总书记的殷殷嘱托，重新点燃了兰考人的希望，更激荡起兰考决战贫穷、改变命运的决心和干劲。有总书记的关心，有全国人民的关注，压力、动力汇聚成了一股合力，在脱贫攻坚的苦干实干中，迸发出强大的内生动力。

兰考脱贫的实践，不仅唤醒了干部群众骨子里的干劲，也锤炼了队伍，肃正了作风，兰考全县上下形成了“领导领着干，干部抢着干，群众跟着干”的干事创业浓厚氛围。

2014年起，兰考从县乡两级选派345名优秀后备干部，派驻到全县115个贫困村，41岁的兰考县扶贫办副主任孙贯星就是其中一员。在驻村前，孙贯星已经几次动了辞职的念头。“纠结彷徨，无所事事，感觉不到自己有什么作为、有什么价值。”然而，驻村扶贫完全改变了他的工作状态。

住到村里第一天，时值寒冬，有老百姓把自己的电褥子拿来给他们用，群众的信任和期待让孙贯星感动。“最开始还有点被动，县领导三天两头往村里跑，不做事没法交代。”孙贯星发现自己变了，变得越来越愿干事，越来越想和群众在一起。

孙贯星花了一个月时间调查，找准村里优势，发展生态农牧，恢复村里水系，制定民俗旅游规划，建立了50多人的裴寨在外精英人士群，发动能人的力量建设家乡。在他的带领下，昔日的软弱涣散村最终成了兰考县的红旗村，乡村旅游也在豫东打出了名声，2016年，裴寨村顺利脱贫摘帽。

像孙贯星一样，干部们驻村之后争分夺秒想做事的欲望非常强烈。“村子再小，也容得下有能力、有梦想的人，只要和群众在一起，自己的价值就能得到最大的认可。”

2014年，代玉建返回家乡代庄村担任村支部书记后，用半年时间就带领代庄摘掉了软弱涣散村帽子。“看到我们和村民一起建的大棚、修的路、种的绿化树，会偷偷地笑。”代玉建说，以前，老百姓看见村干部来，人堆就散了，现在我们走到哪里，老百姓就扎堆到哪里。

“贫穷不可怕，可怕的是被贫穷磨颓了斗志，安于贫穷。”兰考县固阳镇副镇长温振说。不敢干、不会干、不愿干曾是兰考贫困群众的“通病”，一些领导干部反映，扶贫难，难就在难在了群众“精神贫困”，总觉得看不到希望，提不起干劲，政府再努力也“扶不起来、拉不动”。

徐二排是固阳镇徐场村的一个老贫困户，年轻时候身体好还能出去打工赚钱，可年纪越大身体越差，连看病的钱都拿不出来。“越穷越没劲”，徐二排不仅拒绝了村干部介绍的镇上工作，也推掉了扶贫项目。“啥都不想奔，就想着日子混混过完就行了。”

然而，看到村里一家家一户户制作乐器赚了钱，二层小楼一栋栋拔地而起，徐二排着了急，开始琢磨起来赚钱的门道。“大家都做乐器，没人做琴弦。”徐二排瞄准了琴弦的市场空间，在村干部支持下南下扬州学习琴弦制作，回来后在政府的帮助下办起了琴弦厂。

两年时间，徐二排盖起了二层小楼，买上了小轿车。“一年下来怎么也有个30万块钱。”富裕起来的徐二排精神抖擞，“贫困不能怨天怨地怨政府，脱贫致富也是老百姓自己的事，现在党的政策这么好，只要咱们心里转过弯，往脱贫致富上使足劲，哪有过不上好日子的。”

国务院扶贫开发领导小组委托第三方对兰考县脱贫进行的专项评估显示，兰考脱贫抽样群众认可度达98.96%。兰考县扶贫办主任胡良霞说，人民群众内心深处改变面貌、摆脱贫穷的渴望一旦迸发出来，就会创造出惊人的能量，脱贫工作就会有源源不断的力量。

越过了贫困的沟坎，兰考的干部群众并没有松口气，绷紧弦的兰考人瞄向下一个目标：脱贫不是终点，小康才是方向。

“脱贫绝不是一劳永逸的，发展产业奔小康的路上，不能有一丝松懈。”小宋乡东邵一村扶贫工作队队长陈国平说，兰考宣布脱贫并没有让他感到肩上的担子轻了，在今后的工作中，他必须多做调查研究，做足功课，少留遗憾，争取群众更大的信任和拥护。

决胜贫困，焕发中国制度创新活力

54年前，在焦裕禄领导下，秦寨村百姓像“蚕吃桑叶”那样，翻淤压碱，战胜盐碱灾害；赵垛楼村群众发扬冲天干劲，挖河排涝，战胜了涝灾；张庄村老少采取“扎针贴膏药”的办法，战胜沙灾。

依靠社会主义制度的支撑，焦裕禄最终带领群众战胜“三害”。今天，决战贫困，中国特色社会主义制度及其独特优势依然是共产党人取得胜利的根本保证。

打破思想禁锢，从群众中找办法，到外地学方法，兰考在全国探索出了一系列扶贫、发展的创新之举。

——围绕“人”改。树立了鲜明用人导向，评选表彰两批70名“驻村扶贫工作标兵”，用标兵示范作用引领脱贫攻坚工作。在乡镇党委换届中，提拔重用一线干部58名，其中39名是脱贫攻坚一线干部；5名优秀村党支部书记进入乡镇党委班子。

——围绕“事”改。整合相关部门职能，成立县委、县政府督查局，建立大督查机制，对重点工作实行台账式管理、常态化督查。2016年7月至今，共开展各类督查3000余次，工作效能大幅提升。创新服务企业机制，成立企业服务中心，实行“局长＋1”管理模式，全程代理入驻企业手续办理。

——围绕“钱”改。在全国率先探索出“先拨付、后报账、村决策、乡统筹、县监管”的扶贫资金分配使用方式，大大提升了扶贫资金使用的精准度；探索建立政府主导、金融支持、企业发展、风险保障“四位一体”的金融扶贫模式，为脱贫攻坚提供了有力的金融支持。

集中力量办大事是中国特色社会主义制度成就伟业的重要法宝。“实现脱贫是兰考当前最大的政治。”兰考县县长李明俊说，兰考把所有工作向脱贫攻坚聚焦，把各种资源向脱贫攻坚聚集，把各方力量向脱贫攻坚聚合，探索形成了“五轮驱动”“五级联动”“一支队伍”的工作机制，形成了人人关心扶贫、人人关注扶贫、人人支持扶贫的局面。

2016年3月，兰考县抽调172人组建了督查调研小分队，对贫困户进行精准再识别。为了保密，出发前10分钟，队员们才临时分组并被告知当天要去的乡镇。这样的“回头看”工作，仅2016年兰考就进行了三次，兰考还建立了贫困对象动态监测机制，实时监测建档立卡贫困对象情况变化。

这是兰考集中力量做好精准扶贫的一个缩影。在解决“谁来扶”的问题上，兰考实现了所有行政村驻村扶贫全覆盖，从县领导到普通党员，都有各自联系的贫困村、贫困户，严格遵守“五天四夜”工作制，不脱贫不脱钩，不拔穷根不撤队伍；在解决“怎么扶”的问题上，做到村村有脱贫计划，户户有脱贫措施；在解决“怎么退”的问题上，兰考严格按照退出标准制定了工作规范和程序，并分别由不同部门牵头抽调人员开展了多轮调查核实工作。

四方支援也是兰考成功脱贫的重要助力。河南省委主要领导多次到兰考调研指导，负责督导兰考脱贫工作的河南省人大常委会副主任段喜中每年都要往兰考跑数十次，和当地干部群众共商脱贫之策。有关部门也从金融、人才等方面给予兰考多方面支持，派驻优秀干部挂职,率先在兰考探索出了金融扶贫新模式。

中央和省级一些具有很强针对性的“滴灌式”创新举措也密集出台:河南省确定兰考为改革发展和加强党的建设综合试验示范县,确定了兰考“如期脱贫、同步小康、探路示范”的三大目标;2017年1月,经国务院批复,兰考县成为首个国家级普惠金融改革试验区,力争为贫困县域探索出一条可持续、可复制推广的普惠金融发展之路。

“螺丝拧了一半就松劲,最后还是会脱落的。”蔡松涛说,脱贫就是拧到一半的螺丝,下一步,还要加紧把螺丝拧到牢靠。

道路拓展永无止境,制度完善永无止境。今天的兰考,一场漂亮的脱贫攻坚战,更让兰考干部群众重新拾回了自信:兰考不仅有能力在全国脱贫攻坚工作中立标杆、作示范,也有决心在小康路上做出新探索、形成好经验。

“兰考人民多奇志,敢教日月换新天。”在兰考不少地方,都悬挂着焦裕禄的这句名言。度过寒冬,巍巍焦桐又将繁花满树,每一个到此的兰考干部都会提醒自己,脱贫只是万里长征第一步,只有实现全面小康,兰考的精神之花,才足以称得上“完全绽放”。

图书在版编目（CIP）数据

会它千顷澄碧：兰考脱贫启示录 / 刘雅鸣，陈聪，宋晓东著． — 杭州：浙江人民出版社，2020.10

ISBN 978-7-213-09870-3

Ⅰ．①会… Ⅱ．①刘… ②陈… ③宋… Ⅲ．①报告文学—作品集—中国—当代 Ⅳ．① I25

中国版本图书馆 CIP 数据核字（2020）第 194601 号

会它千顷澄碧——兰考脱贫启示录

刘雅鸣 陈 聪 宋晓东 著

出版发行 浙江人民出版社（杭州市体育场路 347 号 邮编 310006）

市场部电话：（0571）85061682 85176516

河南文艺出版社

责任编辑 郦鸣枫

责任校对 戴文英

责任印务 刘彭年

封面设计 张合涛 王 芸

电脑制版 杭州乐读文化创意有限公司

印 刷 浙江新华数码印务有限公司

开 本 710 毫米 ×1000 毫米 1/16

印 张 16

字 数 140 千字

插 页 6

版 次 2020 年 10 月第 1 版

印 次 2020 年 10 月第 1 次印刷

书 号 ISBN 978-7-213-09870-3

定 价 58.00 元

如发现印装质量问题，影响阅读，请与市场部联系调换。